AF610813

AFORISMOS

Y OTROS CONTENIDOS

Luis Fernández

Aforismos y otros contenidos

Imagen de cubierta: Obra del autor

Editado y distribuido por Lulu.com

C/ San Cayetano, 3 Bajo

03002 Alicante

Tlf.: 616 22 52 17

E-mail: siul.fern@gmail.com

ISBN: 978-1-4710-9883-3

Nota del autor

De estos mis escritos, no respondo de las molestias que puedan causar a varias personas, de las risas que causen, si respondo. Respondo desde el atrevimiento que me caracteriza para decir lo que otros no se atreven, por estar programados moralmente para decir lo que les han enseñado y ocultar lo que –en muchos casos– realmente sienten.

Sin duda, muchos pensarán que este libro no debiera haberse publicado. Si es así, me alegro, pues esos... no han desaprendido lo que no tenían que haber aprendido. Yo sí... También digo en esta obra cosas que ya están muy dichas, no importa, lector, a lo mejor de tanto repetir lo mismo algunas mentes cerradas, desaprendan lo que otros le enseñaron y aprendan ¡por fin! algo desde sí mismos.

Sé que para algunos lectores el contenido de este libro será un fraude, pero por ello no temblará mi pulso a la hora de escribir, pues creo más en mi que en los que no me aceptan o valoran.

Mi sueño más frecuente es que llegue un día en el que nos agrupemos todos los del PENSAMIENTO LIBRE.

Confieso que no sé muy bien si el contenido literario de este libro son aforismos o no. No suelo preocuparme cuando escribo, de seguir con rigor el género literario, ni posibles defectos gramaticales, la pureza del lenguaje la dejo para lo pedagógico u otros perfeccionistas. Mi intención es movilizar... y también culpabilizar, a mi solo me preocupa lo falso y lo contradictorio de la conducta humana expresado con sencillez para que todos lo entiendan.

Primera parte
INTRODUCCIÓN Y DEFINICIONES

–Especie Humana: Desde sus orígenes, fenómeno antievolución...

–Hombre: Nacido de mujer y en consecuencia dependiente de ella.

–Mujer: Creadora de vida, cuasi perfecta como ser si no hiciera mal uso de su poder como madre.

–Hombre-mujer: Bipolaridad, quimera y búsqueda sin encontrar amor libre y verdadero

–Familia: ¡Cosa de mujeres!

–Vida humana: Frustración patológica y animalismo encubierto

–Ser Humano: Estado no perteneciente a los hombres, calificativo engañoso cuando se refiere a la especie humana, camino hacia la destrucción, concepto que utilizan los moralistas para manipular culpabilizando.

–Filosofía aplicada al Simismo: Cínica forma de desaprender y limpiarse de todas las mentiras con las que nos contaminan y nos enferman al educarnos.

–Aprender: Desde el Simismo filosofando. Mientras se aprende desaprendiendo se es libre y no se envejece.

–Felicidad: ¿Qué es eso? ¡Estará por venir!

–Reto: Debería ser conseguir la felicidad, como proyecto principal.

–Amor: Sólo lo encontramos en la libertad y nunca en la DEPENDENCIA.

–Amar: Comprometerse amando y conseguir ser amado por la otra persona.

–Capacidad para amar: Depende de la libertad del Simismo y del programa primigenio.

–Respeto: ¿Qué es eso? Ni el Dios de los creyentes respeta a sus fieles. Al ser así no podemos pretender que el Hombre sí sepa. Los padres no respetan a los hijos, los hijos no aprenden a respetar a sus padres, los individuos no respetan el poder estatal, el poder estatal no respeta a los súbditos, los amantes no se respetan, las instituciones no nos respetan y nosotros, cuando podemos, no respetamos a las instituciones.

–Respetar y hacerse respetar: Esa es la mejor filosofía. ¿Que cómo se aprende? Desaprendiendo lo que no se tendría que haber aprendido para poder aprender lo verdadero. Respetar empieza por aprender a respetarse a uno mismo. Demos las gracias al que no nos respeta, pues nos está invitando a que aprendamos.

–Obediencia: Frecuente método para someter, alienar, explotar, manipular, esclavizar... Los débiles confunden la obediencia con la sumisión o el respeto.

–Ateísmo: Filosofía verdadera y purificadora del pensamiento mágico-religioso o doctrina capaz de negar la existencia de seres superiores en la Tierra o en los supuestos cielos.

–Ser creyente: Seguridad basada en el autoengaño y en consecuencia, debilidad, angustia, culpabilidad y agresividad.

–Los creyentes son neuróticos que: Pierden la instalación racional en la vida y con ello el único valor existencial del Simismo para los humanos. Los aportes religioso-ideológicos producen los pensamientos neuróticos. El tránsito de esta vida a otra realidad –la que sea– es conveniente vivirlo como es: temporal, corto y en búsqueda; mientras dure ese transitar por esta inmensidad tan desconocida ¡Peor para el que se quiera hacer «pajas mentales»!

–El gozo: Sólo es posible desde el equilibrio que da la libertad, sin tabernarios, ni prostíbulos, ni drogadicción física o mental.

–La creencia en lo desconocido: Es el antídoto temporal contra la angustia. Los débiles se lo creen todo.

–Vivir: Sólo se vive si se está en acción, atareado. Si no buscas tu muerte en el hilo de tu voz y en tus afectos. Luego, busca el trapecio que desafía a la muerte y la derrotarás.

–Buen humor: Salud.

–Dependencia: La forma pasiva de la dependencia como forma de unión patológica se llama masoquismo. De esta manera la persona instalada en el masoquismo evita el dolor y el sufrimiento que produce el aislamiento; prefiere sentirse una parte del otro, aun renunciando al Simismo. La persona masoquista, dependiente, no corre riesgos porque no toma decisiones y de este modo está cómoda y no se siente sola.

–Dependencia y dominación: Actividad igual a dominación, pasividad igual a masoquismo y ser dominado.

–Sadismo: El sádico también huye de su temor a la soledad y se llena con quien se somete; creyendo los vinculantes que se aman sin ser amor, sino patología.

–Sado-masoquismo: Vínculo enfermizo-pasional en las parejas que lo sufren y hasta mortal –a veces– para el que asume el rol de masoquista. No hay sadismo sin masoquismo, ni masoquista que no sea igualmente sádico.

–Ternura: el amor más puro y verdadero.

–Generosidad: Vehículo para poder llegar a ser persona. Sólo se llega al amor siendo generoso.

–Darse: Sin darse no se ama, o darse es huir de sí mismo.

–Hondura: En la relación amorosa, es pertenecerse.

–Soledad: Incomunicación consigo mismo.

–Incomunicación consigo mismo: Incapacidad para amarse a sí mismo y, en consecuencia, al otro.

–La fe en sí mismo: Estado necesario para poder comprometerse en general y en particular en el amor. Desde la fe en el Simismo se consigue amar y ser amado por los demás. Sin fe en el Simismo no se puede ser fiel con los otros ni con el ser amado.

–Temor a no ser amados: No existe. El verdadero temor lo tenemos a no amar. Amor significa comprometerse desde lo emocional y no desde lo racional. Si amamos, no estamos nunca semidormidos o semipasivos; amar es un movimiento. Si amamos, ni nos aburrimos ni aburrimos al ser amado.

–Desdicha de mujer: Tener que ser la mujer de un hombre al que no se ama.

–Desdicha de hombre: Que todas las mujeres le desprecien.

–Desdicha de niño y adolescente: Que su madre le considere y le trate como si fuera una propiedad privada suya.

–Desdicha del sumiso: No tener amo.

–Desdicha del Papa: La libertad sin cielo y sin amor en la Tierra.

–El Vaticano: Cárcel inmensa (sin rejas) para los creyentes.

–Orden mundial: Indecoroso, infierno, fausto aparato de los poderosos, campo de acción para los ladrones de guante blanco, mundo sin ley.

–Mediocridad: El orden mundial actual.

–Inteligencia: Desarrollo y equilibrio del hombre del futuro, fin último.

–Globalización: Lo que siempre fue, unión mundial de los poderosos y anti-obrera.

–ONU: Unos cuantos reunidos para no hacer nada, ni unir nada ¿Qué debería ser? La encarnación de la conciencia pública e internacional.

–Capitalismo: Poder por encima del estado que utilizan los depredadores internacionalmente.

–Hambre: Lo que sufren 55 millones de niños. De éstos, cada año en el mundo mueren por hambre cinco millones más o menos, mientras el Papa, desde el lujoso Vaticano, sigue diciendo que Dios es justo y bueno.

–Familia cristiana: Un falso calificativo que dan los creyentes en el cristianismo a los matrimonios que van a misa y hacen que sus niños crean las mentiras que predican sobre Dios. La familia es cualquier forma de fraternidad o convivencia amorosa.

–La guerra: Animalada en la que el razonamiento es sustituido por el instinto primitivo. En toda agresión física predomina en el agresor el programa primigenio sobre los programas racionales adquiridos. La guerra es el alma libertaria y primitiva para los vencedores; es su paz.

–La paz: La verdadera aún no ha llegado para el hombre. La otra, la engañosa, es el dios de los acaudalados, de los vencedores, de las madres cuyos hijos son obedientes con ellas, la de los libertarios y, sobre todo, la de los libertinos. El peor de todos los estados de paz es la paz de los esclavos.

–El héroe: El que se disfraza de semidiós para ver si se convierte en mártir de las causas o de su patria.

–La libertad: Lo más grande y lo que más dignifica es la LUCHA que se ha de mantener para salvaguardar la libertad.

–Ser perfecto: El que intenta perfeccionar su obra, su conducta o sus pensamientos: además de ser un maniático obsesivo, carece del mínimo rasgo libertario. Postura ésta necesaria para intentar ser UNO MISMO frente a los mercaderes de almas y «catedráticos» de la moralidad. Sólo creo en la eugenesia, en la filosofía y en el amor empírico como vehículo que el hombre ha de utilizar en la búsqueda de la perfección o, al menos, del crecimiento como persona. Mi incredulidad es el resultado de un esfuerzo liberador racional contra nuestra tendencia natural y predisposición a creernos lo que otros establecen sin base científica.

–Saber y sentir: Saber es una cosa y sentir otra muy distinta. Los sentimientos no van siempre al mismo tiempo o ritmo que el saber.

–La verdad: ¿Dónde está la verdad? Está en el amor.

–Lujo: La otra cara de la misma moneda es los 10 millones de niños que mueren de hambre cada año; y el borde de la moneda los 770 millones de analfabetos que hay en el mundo. La forma en la que vivimos ayer marca el hoy y la forma en la que vivimos hoy marca el mañana. Está claro que el hambre seguirá.

–Cerebro: Nos engaña, permite que creemos y creamos en un mundo de creencias y valores falsos.

–Creer en Dios: Cuando se deja de creer en Dios se empieza a ser uno mismo. Con el Simismo se necesitan muchas menos cosas de toda índole. Los otros y sus creencias y necesidades no nos influyen.

–Piojo: Mujer que se mete en la piel de un hombre para hacerle creer que se ha enamorado de él, cuando lo que persigue es hacerle padre aunque no lo acepte como amante.

–Enfermedad: Lo que algunas madres producen o se imaginan para sus niños. De esta manera justifican y ejercen más la presión pasional maternal que las caracteriza. Actualmente, algunas madres han conseguido hacer creer (hasta a los médicos) que sus niños, hiperactivos por serlo, son enfermos. Estos niños sólo son histéricos encantadores: como suelen ser ellas mismas y sobre todo para tener éxito en el fastidio consiguiendo provocar el trastorno o enfermedad que se proponen para el hijo.

–Saber de amor: Se sabe de amor cuando se es capaz de renunciar al ser querido para hacerle un bien. El amor no son impulsos, sino sosiego. El solitario no sabe de amor: en todo caso de mendigarlo. El amor de madre no tiene nitidez por eso no es desinteresado. ¡AMAR ES CREAR! –Moral, mi moral: Murallas encendidas la Iglesia y el Estado me supusieron. Para ambos estoy muerto espiritualmente, porque no he encontrado a Dios. Moralmente soy libre por haberme encontrado a mí mismo. El mundo al que ya no pertenezco es un circo, con sus fieras domadas y sus domadores. Yo también fui una fiera domada. No guardo rencor a mis domadores, ya me han cicatrizado las heridas, conmigo al final no pudieron ¡que se jodan! Mis desencantos por sus desmanes permanecerán hasta el fin de los tiempos.

¡Cuando no haya hombres volveré a ser humano!

Así habla ahora Siul.

Segunda parte
MIS OPINIONES MÁS LIBERTARIAS

Las personas podrían estar sanas durante toda la vida por muy larga que ésta sea. La mayoría no lo consigue porque no tienen ni equilibrio, ni paz, ni libertad, ni humanidad verdadera.

-1-

Todas las personas necesitan recibir amor.

-2-

El mejor médico para uno mismo ha de ser uno mismo. Si no es así, el hombre se mata a sí mismo.

-3-

Cuando describas al otro ten cuidado, no sea que te estés describiendo a ti mismo.

-4-

Si hablas sosegadamente serás escuchado y posiblemente respetado.

-5-

Ten cuidado con tus deseos, pueden sobrepasar tus necesidades y hacerte enfermar.

-6-

La sabiduría va de la mano de la libertad.

-7-

La sabiduría ayuda a crecer con nitidez.

-8-

Es mucho más fácil conocer a los otros que a uno mismo.

-9-

Odiar perjudica más al que odia que al odiado.

-10-

Preocuparse es bueno, vivir preocupado mata.

-11-

Si esperas que los demás te ayuden o te hagan feliz, no lo conseguirás; esas dependencias crean estados enfermizos: madura para no seguir engañándote.

-12-

Caminar para el cuerpo, sabiduría para la mente y amor para los sentimientos, eso lo necesitamos todos.

-13-

Sólo el descubrir es aprender, y sólo si te descubres a ti mismo puedes amar. Todos creen que se conocen pero muy pocos lo consiguen.

-14-

Comparte el amor y no el odio. Aunque sólo se halla a un paso lo uno de lo otro.

-15-

Al hombre no se le mide por las veces que caiga, sino por cómo se levanta.

-16-

Sufrir es el antagonismo del conocimiento y sobre todo del conocimiento de sí mismo.

-17-

Antes creía que el amor y el odio eran gemelos. Ahora creo que sólo son mellizos.

-18-

Yo no he encontrado a dios: a ningún dios. Ellos tampoco me han encontrado a mí. ¡Ellos son los culpables! si existen, que no me hubieran hecho así ¿no son todopoderosos?

-19-

El exceso de poder y de bienes mata. «Ningún hombre se ha conformado jamás con no desear más de lo que tiene» dijo Voltaire. Y yo digo: el que todo lo experimenta y todo lo tiene se destruye.

-20-

¿Vas de mujeres? No olvides el látigo, dijo Nietzsche, y yo digo: a unas diles que te gustan mucho los niños, a otras que ganas mucho dinero y a las otras que nunca serás un varón domado. Tú, lector, averigua a qué tipo de mujer has de decirle lo que te interesa de esas tres acciones.

-21-

El machismo sirve para controlar a la mujer (muy mal hecho, cada uno ha de controlarse a sí mismo). El feminismo sirve para que la mujer se descontrole (muy mal hecho...)

-22-

Ni el hombre ni la mujer son capaces de utilizar el poder, frente al otro, respetuosamente ¡¡¡siempre puede haber alguna excepción!!!, pero pocas.

-23-

Las mujeres no entienden de libertad; tal como la están utilizando últimamente, terminarán destruyendo hasta lo que más aman: la familia.

-24-

Todos los ismos causan el mismo efecto: atrofian el entendimiento humano.

-25-

El movimiento feminista empezó cuando la Revolución Francesa. Si Mostesquieu inspiró la R.F., Olympe de Gouges inspiró e inició la filosofía del feminismo; pero esta escritora fue guillotinada en 1793. Sin embargo, su pensamiento cada vez va teniendo más poder, y puede que llegue a tener más poder que los tres poderes juntos de la Revolución Francesa.

-26-

¿Para qué hablar de amor sin saber de libertad? La libertad y el amor son gemelos...

-27-

El amor es la consecuencia de la acción en estado libre. Solo así se consigue la felicidad.

-28-

Si no utilizas bien el tiempo eres un desequilibrado. Si alguien te lo roba eres tonto o débil.

-29

Lo que no te guste en los demás no lo superes: «mata» a los demás. No pierdas el tiempo intentando enseñarles lo que no quieren, ni pueden aprender.

-30-

Educar es ayudar al otro a ser él mismo, lo demás es manipular con un fin u otro.

-31-

Las fronteras son como las prisiones, limitan la libertad de movimientos reprimiendo sin ayudar a los que no se adaptan a un sistema u otro.

-32-

Si no creces por ti mismo te deseo mucha adversidad, de ese modo, o creces o ¡jódete!

-33-

El buen estado de ánimo es un antídoto contra la enfermedad. La queja es una enfermedad por sí misma. ¡Quéjate, jódete!

-34-

Dar la vida por la patria o por una ideología es lo más distinto a ser uno mismo.

-35-

Sin amor no se es persona, no se es feliz y siempre se está solo.

-36-

A nadie le concedo el derecho de hacerme sufrir. Pues yo soy yo y tú eres tú, nadie me hace morir.

-37-

Unos hacen la guerra y otros distintos son los que mueren en ella. Yo deseo matar a los que la hacen.

-38-

Es mejor que se mueran cuanto antes todos los que no creen que la humanidad no puede mejorar.

-39-

El hombre sabio no puede ser bélico ni monje ni rico ni caudillo.

-40-

El mejor libro está por escribir. El peor ya hace mucho que se escribió: la Biblia.

-41-

Es más fácil amar a la familia que amarse a uno mismo libre sin culpabilidades, cuando se ama uno a sí mismo no necesita amar a la familia más que a otras personas cercanas.

-42-

Si no trabajas, o te corrompes o enfermas. Cuantas más enfermedades orgánicas tienes, más enfermo psicológico eres.

-43-

Los médicos no curan lo que producen las enfermedades (los psicólogos lo intentan) únicamente a veces, detienen la enfermedad emergente dejando al individuo sin medios para evitar otras psicosomatizaciones.

-44-

De una supuesta debilidad de algunos y de la astuta debilidad de las mujeres los fuertes tienen que tener mucho cuidado si no quieren ser manipulados, jodidos y explotados.

-45-

El más pobre es el que más desea. Según Voltaire todos somos pobres.

-46-

El que hereda opulencia, hereda injusticia. Así pasan los milenios, los siglos y los días: hambruna para unos y corrupción para otros.

-47-

El verdadero genio no es el que más sabe, sino el que más persona es.

-48-

El hombre nace para cazar, o caza o le cazan. Si es cazado no es hombre, es cosa...

-49-

La depresión y la neurosis, en general, nacen en un exceso de preocupación por sí mismo.

-50-

Si quieres que tu hijo-niño se haga un hombre de bien, enséñale a dar, no sólo a recibir. El DAR Y RECIBIR equilibrado determina el ser persona u otra cosa cualquiera si no se ha aprendido como corresponde.

-51-

No te olvides, si dejas de reír es que has enfermado, si no juegas, también y si no tienes proyectos te estás muriendo.

-52-

Al niño no le des consejos, dale ejemplos...

-53-

La lluvia son eslabones, los eslabones hacen cadenas y las cadenas ríos, los ríos van al mar. Y la humanidad ¿a dónde irá? ¡AL FINITO!

-54-

No hay torre, por muy alta que sea, que no se pueda derribar. Eso mismo le pasa a los poderosos cuando construyen su imperio a costa de los débiles.

-55-

Aprende a saber lo que piensan de ti, no creas lo que te dicen. Casi nadie dice lo que piensa.

-56-

Respetar y hacerse respetar es el único camino que lleva a la libertad y desde ahí al amor.

-57-

Muchas familias viven como las fieras: el más fuerte impone sus necesidades sin respetar los derechos de los otros. También pasa en las parejas.

-58-

La mejor medicina es tener una mente equilibrada. El que no lo vea así es porque no se ve a sí mismo.

-59-

Aparentemente las mujeres quieren al hombre con dinero, pero lo que realmente quieren es al Hombre. Tenga o no tenga dinero.

-60-

La sabiduría produce equilibrio e impide pasiones.

-61-

Los psicólogos no enseñan al paciente a encontrar la verdad. Solo intentan que se encuentre a sí mismo a través de descubrir su neurosis.

-62-

Elige: o haces ejercicio mental y físico o prepárate para la enfermedad.

-63-

Si comes mucho, búscate un médico; si comes poco, tú eres tu propio médico.

-64-

Folla mucho, controla tus pasiones y olvídate de los psicólogos.

-65-

Lo que el Cristianismo llama el espíritu es una masturbación mental sin eyaculación ni contenido alguno.

-66-

Muchos se dedican a ayudar a los demás, sin saber que para tener éxito han –primero– de saber ayudarse a sí mismos.

-67-

Si te responsabilizas de los demás los embruteces.

-68-

La influencia verdadera en los otros la determina el respeto y el amor que les tengas.

-69-

Sin objetivos no hay proyectos, sin proyectos no hay vida; se sobrevive o ni siquiera.

-70-

La felicidad, la alegría y la paz sólo se consiguen con la libertad y autonomía interpretativa de lo institucional, lo ideológico y la moral oficial.

-71-

Los que recurren a Dios, nunca sabrán quiénes son ellos mismos, pues no se atreven a serlo, por eso recurren a los dioses.

-72-

Creer en la existencia de Dios es no creer en la posibilidad que tenemos todos para poder llegar a no necesitar dioses ningunos ¿Dios eterno y oculto? ¡Menuda farsa!

-73-

Dime como alimentas tu mente y te diré como está tu cuerpo. Tu cuerpo puede ser el cubo de basura de tu mente, o tu mente la paz y el equilibrio de tu cuerpo.

-74-

Podríamos –ya– vivir unos ciento cincuenta años, si tuviéramos la mente sana. Sin embargo, nos falta mucho para conseguirlo, pues la ciencia médica se preocupa de curar las enfermedades del cuerpo en lugar de curar las enfermedades de la mente. Y los psicólogos no han hecho más que empezar a curar la mente, aún con la oposición de la mayoría de los médicos.

-75-

Aquel que apoya al débil se hace dios, el que lo hunde se hace salvaje.

-76-

Búscate para ser lo que realmente eres. Si no te encuentras, lleva lo mejor que puedas tus dependencias.

-77-

Sólo hay un camino verdadero. El que nos lleve hacia la humanización real.

-78-

Genial es toda gran obra que ha necesitado mucha paciencia para conseguirla. Sin paciencia no hay ciencia.

-79-

La sabiduría hace que el dolor sea pasajero.

-80-

Por mucho que viajemos no llegamos a ninguna parte, porque lo que intentamos es llegar al Simismo. ¡Somos pura proyección!

-81-

Viejo es aquel que no siente amor y sobre todo el que no lo produce.

-82-

Tu obra eres tú. Cuanto más pongas en ella más la amas. Si haces poco te amas poco. Si no haces nada te desprecias a ti mismo, la decadencia nace en el no hacer nada.

-83-

¡No te pares, ni mental ni físicamente! Si lo haces, primero enfermas y después mueres.

-84-

Me voy de tu lado. Tú te empeñas en no ser feliz. No quiero que me dificultes el que yo lo sea.

-85-

La mujer y el hombre, al principio, utilizan la sexualidad para acercarse, luego, si no consiguen amarse, la utilizan para distanciarse.

-86-

La verdadera pobreza es un bajo estado de ánimo. Sin ánimo no se puede ser feliz.

-87-

Los fuertes no necesitan desafiar y advierten al que les desafía: ten cuidado conmigo, no quiero hacerte daño.

-88-

La depresión es la forma que tienen los débiles de llamar la atención, piensan demasiado en ellos mismos, y consiguen –con frecuencia– que otros aún más débiles les escuchen.

-89-

Mientras temas en el amor, no amas: es otra cosa lo que sientes. Si te quedas con el temor te esclavizas.

-90-

Para descansar o dormir bien la mente ha de estar en paz consigo misma. Si algo o alguien te roba tu paz es porque tú no eres tú... eres los otros.

-91-

El fanatismo, las pasiones y la prepotencia son patologías incurables por el poder que esos estados proporcionan al individuo.

-92-

La prepotencia de los alemanes sigue siendo peligrosa para la humanidad. Creo que ellos creen en el dicho de «a la tercera va la vencida». En consecuencia, en cuanto tengan ocasión –pienso– nos meterán en su tercera guerra mundial. Si yo fuera el que MANDA les dejaría sin patria.

-93-

En definitiva. A los prepotentes hay que darles «por culo» para demostrarles que no son infalibles.

-94-

Los que creen en Dios son expertos en masturbación mental astral.

-95-

El analfabetismo esclaviza y la mente culta libera.

-96-

Nadie sabe lo que podría conseguir crecer si desaprendiera lo aprendido, lo aprendido ya por otros.

-97-

No espero nada, solo vivir en paz. Así se es libre.

-98-

Yo no quiero grandes escenarios para divertirme, me interesa más utilizar la alegría que hay dentro de mí y en los otros.

-99-

Hablar de dios es predicar. Investigar y hablar de la Humanidad es filosofar.

-100-

Sólo con amor se nos abren puertas de par en par. Sin amor y con engaño, se abren pero se terminan cerrando. Aquel que no aprende a amar, tampoco aprende a ser persona ¡el animalismo sigue llamando a nuestras puertas!

-101-

No ayudes nunca a nadie si tu ayuda no consiste en ayudar a que se ayuden.

-102-

Muchas personas se preocupan mucho de la alimentación como forma de vida sana. Sin embargo, no tienen en cuenta lo más importante: actos humanos, pensamientos limpios, amor y sexualidad y ejercicios físicos.

-103-

Los animales utilizan la sexualidad para emparejarse y reproducirse. Nosotros los humanos la utilizamos, principalmente, contra nuestra propia libertad.

-104-

Los desgraciados acumulan riqueza; los sensatos, sabiduría.

-105-

Hay cuatro cosas necesarias que los niños deberían aprender en el hogar: amar, respetar, trabajar y dar y recibir. Únicamente con ese aprendizaje podrían llegar a ser personas...

-106-

Jesús de Nazaret predicó con el ejemplo. «La gente esa» que vive en el Vaticano, de la fe y del amor hacen lo contrario de lo que predican ¿por qué siguen burlándose de los creyentes?

-107-

El amor y el dolor son gemelos. Un reto en la vida ha de ser que nunca el dolor ocupe más espacio que el amor.

-108-

A los hombres que están instalados en el pensamiento mágico no se les tendría que permitir que publicaran sus teorías como si fueran verdades absolutas. Para eso está la ciencia.

-109-

Ningún hombre por mucho poder y riqueza que haya alcanzado ha dejado de necesitar a los demás.

-110-

¿Cómo puedo respetar todas las religiones sin respetar ninguna, dado que todas nos venden supuestos como si fueran verdades absolutas?

-111-

¿Qué crees que te interesa más? ¿Que engorde tu cuerpo o que se ensanche tu mente?

-112-

El mundo es como lo vea tu mente. Y tú eres como te hayan enseñado a ser. Si no te gusta el mundo es porque no te gustas tú: desaprende lo aprendido.

-113-

¡Domina tus impulsos y serás libre ante la adversidad!

-114-

Se puede compartir todo menos la esencia del Simismo.

-115-

La capacidad para volver a empezar proporciona tanta libertad como la cultura.

-116-

En la humanidad encontramos todas las claves de la evolución equivocada.

-117-

Todos mis enemigos han sido siempre los que no han aceptado mi sinceridad. Yo también intento ser sincero conmigo mismo, aunque a veces, aún me engaño porque me cuesta más ver mis defectos que ver los de los otros.

-118-

Todos somos iguales, igual de insignificantes en este cosmos. Es pura soberbia creer que unos somos más persona que otros; hay tan poca diferencia que ¡pobres los que se sientes superiores!

-119-

La grandeza de un hombre se mide, principalmente, por su sencillez y su naturalidad.

-120-

Ser fuerte o ser persona sólo se consigue uniéndose a los demás.

-121-

La vida y el cosmos son un secreto para el Hombre.

-122-

Valer mucho o valer poco, depende de cómo te veas a ti mismo, no de cómo te vean los demás.

-123-

Los estados patológicos se producen por los deseos, no por las necesidades. Los animales viven sólo a nivel de necesidad, por eso no son neuróticos.

-124-

Cuanto más te alejes de la naturaleza más te acercas a la enfermedad.

-125-

El que menos tiene, si también es el más sabio, es el más libre.

-126-

La Tierra está manchada por la mierda mental de lo neurótico y lo psicótico.

-127-

No me protejas, si lo consiento serás mi dueño. Enséñame a protegerme yo mismo.

-128-

Dicen: «no sólo de pan vive el hombre». Sólo de gozo tampoco: no hay gozo sin dolor.

-129-

Prefiero a los que me critican que a los que me adulan.

-130-

Si quieres llegar a viejo y estar sano dedícate a la creatividad.

-131-

Cuanto más se ame una persona a sí misma, menos egoísta e independiente es y más puede amar a los demás.

-132-

Las mujeres sometidas engañan a sus sometedores haciéndoles creer que les aman; en el miedo no hay sitio para el amor.

-133-

En la desobediencia está el origen del progreso y el camino hacia la libertad. Si sólo obedeces eres esclavo.

-134-

Si eres desobediente, los obedientes te marginan. Hay que estar preparado para estar solo. Solo pero contigo mismo o te volverás loco. La locura, siempre conlleva soledad o nace de ella.

-135-

La creatividad y la no alienación han de estar por encima de la riqueza y de las instituciones.

-136-

Solo desobedeciendo y odiando lo aprendido cuando niño y joven se puede llegar a ser Uno mismo.

-137-

¡Arte! ¿Qué es eso? ningún hombre ha creado arte. Sus obras sólo son proyecciones que con imaginación y ahínco no admiten la derrota existencial que todos sufrimos.

-138-

Un hombre sólo lo es si consigue que las mujeres le persigan y se peleen por él. Eso únicamente lo consiguen los que están llenos de valor, proyectos, ideas, fuerza mental frente al adversario, fuerza viril y libertad. Las hembras de muchas especies sólo cohabitan con el macho dominante. Las humanas solo «orgasman» con el que no se deja dominar.

-139-

La mayoría de las mujeres –incluidas las casadas– tiene telarañas en la vagina. Pero no es su culpa únicamente, es también por los hombres ya que la mayoría se deja «castrar» por ellas. Ya lo dijo Nietzsche, más o menos dijo esto: En occidente los hombres están perdiendo la batalla, o la han perdido ya frente a las mujeres.

-140-

El hombre de hoy no sabe utilizar su animalismo primigenio para seducir a las hembras. Otros machos sí, aunque muchos de estos son menos animales que los machos humanos.

-141-

Yo que siempre fui un hombre pendiente de la mujer como complemento; después de buscarlas durante los últimos cincuenta años aún no he encontrado a mi mujer ideal.

Ahora ya no sé ni qué virtudes he de tener, ni qué atribuirle para enamorarme, o para aceptar a una sola pareja siempre. Al final creo que eso de la media naranja, el alma gemela, el amor de mi vida; no son sino pajas mentales que nos hacemos para intentar amar, ya que en verdad no somos capaces.

-142-

Las creencias absolutas en las ideologías y las pasiones pertenecen al mundo de lo patológico.

-143-

El no aceptar que nos hablen de nuestros defectos o conductas patológicas en sí mismo es una patología.

-144-

La mayor esclavitud es que los otros influyan con sus posibles críticas en la moral o bondad de uno. Muchos se convierten en enfermos por vivir principalmente en función del «qué dirán...». Lo he experimentado en mí mismo. Ya cuando era un jovencito presumido me importaba poco o nada lo que pensaran de mi tendencia a salirme de lo establecido. Las críticas de las que era objeto le importaban más a mi madre y al resto de la familia que a mí. Ni me importa lo que me digan, como crítica, ni tengo ningún temor a hacerlas yo, causa ésta por la que he perdido muchos afectos. ¡No me importa! La libertad no tiene precio.

-145-

Soy un crítico «peligroso» para muchos. Por eso tengo pocos amigos. Los que no aceptan mi crítica no me interesan porque ellos no son libres y les jode que yo sí lo sea.

-146-

Las mujeres que me han amado lo han hecho por el rasgo psicológico que más me han criticado: mi especial capacidad de «cantarles las cuarenta».

-147-

Como cada vez el mundo, las personas, me gustan menos, temo quedarme solo. Yo sólo sé que no sé estar solo, esa es otra de las miserias de los hombres: todos necesitamos a los demás, aunque sea para martirizarlos.

-148-

Yo antes sufría dos tipos de estreñimiento, el del aparato digestivo y el filosófico. Ahora ya todos los días evacuo el intestino y me cago en la madre que parió a todos los causantes del hambre que pasan muchos niños. ¡Será que somos un psicosoma y no una mente y un cuerpo!

-149-

¡Qué será de mí si dejo de criticar a este mundo de los humanos, o mejor dicho de los prehumanos! Es casi lo único que me queda. Las pasiones con las mujeres ya han quedado en el baúl de los recuerdos, ahora ya las veo enseguida y no soporto su espíritu de esclavas: esclavas desde la maternidad, esclavas como hijas, sumisas como amantes si el macho es dominante, esclavas por el espíritu santo... Ahora tengo una, Inma, que como otras, no acepta que le reproche su conducta manipuladora. ¡Ignorante! si cree que me puede dejar callado... ¡me moriría!

-150-

Rasputín, Lamdru y otros muchos utilizaban a las mujeres para tenerlas y aprovecharse. Yo las utilizo para aprender, las enamoro y las abandono, de esta manera me vengo de mi madre: como diría Freud. A veces digo que mi madre fue la única mujer que me conoció, sin embargo, ahora creo que fue la única que me tuvo. Veo que para escaparme de ella aprendí a escaparme de todas mis enamoradas. ¡Cuándo terminará esto! Necesito descansar.

-151-

Huyo de todo terreno lazo. Esa locura, ese miedo a quedarme quieto, atrapado, acomodado... es mi locura, también es mi cordura.

-152-

La locura verdadera es la que hace sufrir, otra cosa son los sufridores por aprendizaje. Esos no son locos, son tontos y tontos hay muchos. Los locos que gozan de la vida no son locos, son libertinos. Yo soy uno de ellos.

-153-

Desde que nací hasta cuarenta años después en mi país, España, era obligatorio pensar y vivir según el cristianismo y el Caudillo, Franco. Cuando murió el dictador de poco me sirvió la libertad de expresión: no sabía pensar desde mí mismo. Ahora estoy aprendiendo; que se preparen los represores...

-154-

Yo no tengo útero, por lo cual no pensaré a través de él como les pasa a las mujeres. Yo convertiré mi pluma en mi hacha de guerra.

-155-

A mí no me conoce nadie. A los locos no declarados, tampoco. Somos desconcertantes, imprevisibles, temerarios y caminantes sin camino, incansables... no me conoció ni la madre que me parió –como se suele decir–. Ahora tampoco me conocen mis hijos, dos de ellos nunca me conocerán, no son ellos mismos, no tienen Yo, funcionan con el de su madre. ¡Odio a todas las madres que no dejan crecer a sus hijos!

-156-

Nietzsche creía que conocía a las mujeres. Yo creo que no las vivió como realmente son. Se «llevaba el látigo» si iba de mujeres. No, no hay que llevar ningún utensilio represor, con las féminas de cualquier época, hay que entrar y ocupar y ocuparse dejando la puerta abierta para poder marcharse si se considera necesario.

-157-

Las mujeres, en el amor hacen la guerra, pero sus orgasmos –las que los consiguen– son amor celestial. La eyaculación del hombre es puro animalismo no hay sentimientos. ¿Las guerras del futuro? Que las hagan las mujeres. Ellas pueden hacer del infierno la gloria más en calma. Están por encima del bien y del mal y de todo lo ético.

-158-

Algunas mujeres, cuando hacen el amor con su pareja, lloran porque se acuerdan del otro, al que pertenecen, del que creen estar enamoradas.

-159-

Antes: amor y esclavos
Ahora: amor y sirvientes
Mañana: la luz y el amor
–Dios te oiga
–Pero si no está
–Sí, espera que despierte
–Se ve que duerme profundamente.

-160-

El amor nace en la libertad que da la sabiduría y el desamor en la ignorancia y el egoísmo. El desamor y la venganza son los estados de seres inferiores que han utilizado el intelecto para potenciar el animalismo que no han conseguido humanizar.

-161-

Todos los pensadores hablan de amor, siglo tras siglo, pero ¿se practica más siglo tras siglo? ¿Quién lo vive? ¿Quién da ejemplo? Fingiendo sí, eso nos resulta fácil

-162-

Aquellos que no hacen esfuerzos para ayudarse a sí mismos, no tienen derecho a quejarse, ni a pretender que otros les ayuden. Pero como hay tantos «salvadores» por este mundo, ayudan a los pedigüeños, sin saber que no es eficaz ni válida su hipotética ayuda.

-163-

En la actualidad muchas mujeres quebrantan los lazos del matrimonio: la familia se convierte en monoparental, ella se queda y él se va por su propia voluntad para salvar su dignidad, o se queda y la pierde. ¡Amar o no amar! esa es la cuestión.

-164-

El conformismo en muchos, la avaricia en otros y el animalismo no superado de los mal llamados humanos dificultan el entendimiento, la paz y el amor entre las personas y los pueblos.

-165-

Cuando alguien habla o predica sobre el amor fraternal, a mí me da la risa. También me da la misma risa cuando los egoístas, los dependientes y los románticos se creen enamorados. ¡Me río por no llorar! ¿Amor? Eso es un pecado mortal; dicho de otra forma, es tan difícil conseguirlo como merecer ser castigado por los pecados mortales según el cristianismo. Cuando yo era niño un cura me dio una hostia –física– porque me negué a besarle la mano; eso sí es un pecado cometido por un neurótico, un enfermo: el cura de mi pueblo.

-166-

Para ser feliz es necesario tener alguna meta importante para uno, perseguir esa meta con firmeza, constancia y fe. Es necesario perseguir el poder llegar a amar de verdad, a algunos les sirve toda su vida, al margen de que lo consigan o no. Yo a veces creo que esa es también mi meta preferida.

-167-

La actividad es el manantial más rico para la salud, la paz y el amor. Pero la actividad más eficaz no es la física, lo es mucho más la mental, sobre todo juzgándose a sí mismo y a los demás, les guste o no les guste. Sin autocrítica vamos camino de la corrupción, el vicio y todos los barbarismos verbales, mentales y físicos inventados o por inventar.

-168-

¿Inventar? Se hace urgente inventar una nueva forma de relación hombre-mujer. En Europa y otros muchos lugares los lazos matrimoniales, el vínculo sagrado o cualquier otro entre hombre o mujer, ya no se mantienen para siempre, más del cincuenta por ciento, más o menos, los rompen a los pocos años de haberse unido aunque tengan hijos. No consiguen vivir juntos, no se aman, ni pueden conseguirlo porque no saben respetarse y nadie les enseña, cuanto menos necesitan al otro económicamente menos se aguantan. Las mujeres utilizan a los hombres para conseguir una maternidad legal y de buenas apariencias. Pasados algunos años y conseguido el objetivo ¡adiós marido! prefieren quedarse solas y con toda la responsabilidad de educar y criar a la prole, con tal de no aguantar al tonto que utilizaron para cumplir con la reproducción de la especie. Digo tonto porque es verdad. Los hombres de muchos países han pasado de ser los reyes o caudillos de la casa a ser sirvientes de las acomodadas mamás; no consiguen su propio espacio. Son varones domados, son extraños de su propia casa. Los hijos siempre quieren más a las madres que a los padres por muchos meritos que estos hagan. ¿Para qué seguir haciendo méritos? Marchaos, no podéis con ellas ¡marchaos...! antes de perder la dignidad. Ellas, como madres, son mucho más fuertes que nosotros como padres. Competir con ellas es ir de perdedores, huid si no sabéis marcharos, todo antes de vivir arrodillados. La maternidad es la madre de todas las fuerzas del planeta. Nosotros, en comparación, somos unos pobres desgraciados que sólo significamos algo si nos arrimamos al poder monstruoso de las madres. Cuando les damos nuestro consentimiento y complicidad para ser las creadoras de vida a partir de nuestros espermatozoides las estamos convirtiendo en reinas del Planeta Tierra y a su vez nosotros, si no tenemos cuidado, nos convertimos en sus lacayos. Sería humano que el hombre y la mujer se encontraran para complementarse juntos y así poder amarse. La reproducción de la especie, de la forma en que ha sido hasta ahora, dificulta el encuentro amoroso entre los sexos. Si todo sigue como hasta hoy ellas seguirán haciendo de brujas y a ellos les quedará el papel de jornaleros.

-169-

Yo deseo crear tanto, tanto... por si esa forma de crear me permitiera crecer lo suficiente como para poder crear a la super-mujer, que con su amor y el mío yo consiguiera ser un super-hombre, un humano de verdad, lo que me ofrecen las mujeres de hoy, tan «crecidas» ellas, no es sino una necesidad e intención de dominación, ¡viva el matriarcado!, pero para ellas o para ellos también: los que lo aceptan. Yo no quiero ni patriarcado ni matriarcado. Sólo deseo ser únicamente ¡yo! sin ser gregario. Yo quiero una mujer a mi medida, ni mi ama ni mi esclava, mi reina sí, seguiré medio solo mientras la busco. Aunque no la encuentre seguiré buscándola hasta que me muera, en esta búsqueda y espera he aprendido algo: que me gusta más que vivir conformado o arrodillado como muchos otros. Yo quiero ser un buen creador para crear a la mujer de mis sueños, aunque tenga que rescatarla de las cloacas del feminismo armado. ¡Yo quiero mi parte de este mundo infernal!

-170-

En este mundo de esclavos y de amos, yo sólo quiero ser la voz que acuse y juzgue las conciencias de los injustamente poderosos; ese es el verdadero poder que yo quiero tener. Sufro cuando tengo que guardar silencio, me resulta difícil no poder decir a todos lo que pienso de ellos y del mundo. Si yo fuera legislador la ley más importante que yo crearía sería aquella que obliga a todo el mundo a decir lo que piensa en cada momento. Los pensamientos frustrados matan, los que se expresan liberan.

-171-

¡Oh! de mí si un día me callo, la soledad me espera, se apoderará de mis entrañas. Primero me entristecerá, poco a poco me hará más feo, pues en mi semblante se verá amargura, tristeza y agotamiento. No, no lo conseguiréis, seguiré con mi guadaña caiga quien caiga, me lo permito todo menos caer yo ¡yo soy yo, tú eres tú!

-172-

Yo soy el sabio que no sabe nada, todo lo que creo saber es relativo. Todo el saber del hombre lo es también. Los falsos sabios creen que lo saben todo, por eso sus verdades con absolutas. Todos los religiosos y muchos creyentes sufren esa patología: creerse poseedores de la verdad...

-173-

El matrimonio mata o es un refugio, casi nunca es la gloria. A mí me quebrantó los huesos, o mejor: me embruteció las neuronas. Entorpeció mi crecimiento personal tanto o más que el cristianismo. Ambos me atraparon, primero los curas y luego la falsa e hipócrita institución familiar. ¿Estoy hablando solo de mí? ¡No! hablo de muchos otros aunque ellos no lo sepan. Es lo que ocurre cuando el vínculo no es desde un acto de libertad de los contrayentes. Pero ¡ellos qué saben! ¿Acaso es fácil para la mayoría saber en qué consiste la libertad?

-174-

Hoy he escuchado en las noticias que en el país más rico de Europa, Alemania, hay un millón de niños que pasan hambre. Los perros de los ricos no pasan hambre. Los alemanes han mejorado: ahora ya no matan a los judíos sólo dejan que sus niños pasen hambre. Ningún político pasa hambre, ningún juez pasa hambre, ningún cura ha pasado hambre jamás. Me encuentro solo, los que no pasan hambre no me acompañan en mi encrucijada contra la hambruna.

-175-

Si no pasas hambre y no deseas bienes materiales puedes ser feliz y también libre.

-176-

La mayoría de las frustraciones se producen porque no se ama lo que se tiene y se desea lo que no se tiene ni se tendrá nunca.

-177-

Las personas dependientes siempre están en deuda, hasta su libertad es una deuda que tienen con aquel de quien dependen.

-178-

Corren tiempos de muchas soledades. Ya ni las madres consiguen mantener el hogar ¡trabajan demasiado fuera de casa!

-179-

El que no observa no aprende, no aprende ni a pensar. Los mediocres y los pedantes lo son por no pensar ni observar.

-180-

La mayor riqueza es aquella personal, no material, que nadie puede robar ni modificar.

-181-

La injusticia que castiga y reprime al malhechor no es justicia. La que le enseña el camino del cambio, sí lo es.

-182-

Sólo se es en el hacer. Cuanto menos haces, menos eres, no te mientas más a ti mismo creyéndote que haces... sin ser cierto.

-183-

Si cuando viejo eres pasivo y feliz, cuando joven fuiste trabajador y sensato. En ti, pues, la bestia no tuvo mucho espacio.

-184-

Hay muchas clases de bestias, entre nosotros, los mal llamados humanos. La mayoría no quiere aceptar que es más bestia que humano; peor para ellos. El que no conoce su grado de animalismo está menos capacitado para ejercer control sobre esos impulsos salvajes. El mío, mi animalismo, es de los más peligrosos, puede salir con mucha histeria, la mía, pero no os asustéis los que me conocéis, yo controlo, me controlo. Gracias a ese conocimiento que tengo de mí mismo, aún no he matado a nadie, aunque en alguna ocasión me he quedado con las ganas. Ahora que ya me voy haciendo viejo, no creo que llegue a matar a nadie. Además como yo también me creo civilizado, me creo, pues, el cuento que yo mismo me cuento de que estoy en contra de la pena de muerte hasta de la que dictan los jueces.

Recomiendo a todo bicho viviente, también a los que se creen muy humanos, que acepten que llevan una bestia dentro, y por el hecho de aceptarlo no son más animales, sino menos. En el mundo femenino lo animal es de un peligro casi imperceptible, es como un dolor que produce deleite. Ellas son las diosas de la creación y también del dolor, del amor y del odio más salvaje. Desde su erotismo las hembras humanas pueden matarnos de deseo, nuestro deseo animal. Ellas nos dan la vida y también nos la quitan haciéndonos morir poco a poco y a veces deprisa o muy deprisa: son animales salvajes que no necesitan armas para matar como hacemos nosotros.

¡¡YO SOY YO Y TÚ ERES TÚ!!

El que se crea en posesión de esa máxima identidad, que se ponga delante de su amada, que se lo diga mirándole a los ojos ¿qué sentirá? Sentirá que no es él mismo tanto como creía.

-185-

Hay tantos individuos e instituciones que se creen en posesión de la Verdad, que únicamente el que la sigue buscando se sitúa más cerca de ese concepto. ¡Dime quién te educó y te diré quién eres!

-186-

Recuerdo un «cachito» de poesía que dice así:

«Caballo que se disloca al fin encuentra la mar y se lo tragan las olas» que me perdone el autor, pues no recuerdo quién fue. Quiero hablar del mundo de los genios locos: son caballos salvajes, fuertes y cultos que se pueden volver locos. En esos sujetos sí creo. No creo en los superhombres, esos aún no han llegado. Yo también temo por mi dislocación. Hoy me han hecho un cumplido, tiene que ver con lo que otros llamarían mi locura. Virginia, una joven, culta y bella mujer a quien encargué que corrigiera para su publicación el tercer libro de mi trilogía, *Sin equilibrio no hay paz ni libertad*, me ha dicho que es muy profundo, que muy pocos ven esas cosas y menos aún se atreverían a decirlas: esa es mi «locura» ese es el caballo que hay en mí y que temo que se disloque. Lo escribí desde lo aprendido por haber desaprendido ¿lo entiendes, lector? Únicamente cuando desaprendemos lo adquirido que otros ya sabían, podemos aprender desde lo propio. Soy mi propia convulsión. Nadie, ni siquiera el audaz zarpazo de la diosa mujer me puede hacer más daño que yo mismo me haré si el caballo salvaje que habita en mí se me escapa. Mi caballo, y que no me den miedo las mujeres es mi fortuna, ¡¡mujeres a mí!!

-187-

Las mujeres se están volviendo tiranas con sus maridos. Ellas ya no necesitan los jornales que ellos antes ganaban, ese dinero que los hombres aportaban al hogar y que muchos –a su vez– utilizaban para imponer su autoridad. Ahora ya no pueden imponer nada, ellas tienen más seguridad económica que ellos. Estas circunstancias han hecho que veamos al hombre tal como es frente a la mujer: débil, tonto e inseguro. ¡El mundo está lleno de hombres tontos! A las mujeres sólo les gustan los hombres si no inteligentes, al menos sí fuertes. Estamos contemplando los últimos resquicios del patriarcado.

-188-

¿Cómo será el matriarcado del futuro? A mi entender, no conseguirá más equilibrio en el grupo familiar del que se ha conseguido hasta ahora: ninguno. Muchas madres utilizan a los hijos, o a uno en especial, como escenario para ellas representar varios papeles, principalmente representan el papel de madre preocupadísima y sufridora por sus hijos. Si en el futuro el matrimonio alcanzara un poder mayor del que ya tiene, la Humanidad no sólo se estancaría como evolución, sino que se convertiría en más neurótica de lo que siempre ha sido. ¡Perdonadme mujeres, aunque sí sé lo que digo!

-189-

Dudo de la capacidad filosófica, nítida y auténtica de los filósofos cuyo cerebro está –aunque sea en parte– ocupado por creencias mágicas de índole ideológica, como por ejemplo, las religiones o políticas dogmáticas con los ismos... correspondientes. Sin embargo, si pensamos que esas evasiones, en cuando a la interpretación de la realidad, van ligadas a su vez con inquietudes filosóficas, hemos de considerar que desde la imperfección y la debilidad también se anda el camino hacia la libertad. Al andar se hace camino, o como dijo

A. Machado «se hace camino al andar y al volver la vista a atrás...»

-190-

Mi lema es el título de mi trilogía: *Sin equilibrio no hay paz ni libertad*. Un cerebro sin equilibrio corre el peligro de enfermar más pronto o más tarde. Un cerebro enfermo, antes o después, nos engañará y nos hará sufrir. Un cerebro enfermo contagia al cuerpo psicosomatizando o deformándolo o envejeciéndolo. Un cerebro enfermo no puede luchar con eficacia contra las enfermedades o contra la adversidad. Cuidando la mente a su vez estamos cuidando el cuerpo. No es menos cierto que hay «locos geniales», a veces la esquizofrenia la padecen individuos que durante muchos años se mantienen activos, profundos y cautivos. Para ello es necesario que tengan un alto nivel de credibilidad, de esta manera también mantienen buen ánimo y proyectos a realizar. Los esfuerzos para ayudarse a sí mismos son la terapia más eficaz.

-191-

Epicuro dijo: «vacío es el argumento de aquel filósofo que no permite curar ningún sufrimiento humano». Y yo digo: o del médico que no erradica la enfermedad del cuerpo. Para conseguirlo, los médicos han de ser también filósofos en la especialidad de psicología clínica. Los psicólogos y los médicos tendrían que tener ese saber facultativo: DOCTOR EN PSICOMEDICINA, puesto que los estados enfermizos que presentan los necesitados nacen, generalmente, en un psicosoma. Mientras el médico no sea también psicólogo o el psicólogo no sea también médico, los tratamientos en la mayoría de los casos no son completos. Ahora, en todo el mundo, los enfermos creen demasiado en los médicos y demasiado poco en los psicólogos. ¿Los gobernantes? Los gobernantes no creen nada más que en el dinero que han de recaudar para grandes proyectos, sin que entre estos proyectos esté el principal: erradicar la hambruna de los ciudadanos.

-192-

El animalismo (que para mí no es cosa del alma, sino de una energía psíquica que produce el cerebro) es la fuente u origen energético de toda acción psico-física que determina el estado de salud y equilibrio de los individuos. El secreto del héroe o de todos los que ganan muchas batallas se encuentra en su óptimo animalismo. El animalismo bajo produce seres débiles, perdedores, enfermizos y dependientes. El animalismo para mí no es cosa del alma, sino de las neuronas sanas.

-193-

La mayoría de los hombres y mujeres son burros de carga, cansinos, pero contentos porque la carga es una moral «filosófica» que no saben que es falsa. Falsa porque sirve como los barrotes de la cárcel: sujetan el impulso libertario.

¡¡Que vengan a mí todos los ácratas!!

-194-

Mi resentimiento con la justicia es fortísimo, aunque no llegue a matar a mis enemigos los legisladores. Me hicieron daño, mucho daño. Fui durante toda mi juventud su prisionero. Esa circunstancia me impidió crecer a tiempo. Sólo pude empezar a ser libre después de los veinte años ¡no se lo perdono!, llevo veinte años de retraso. Me obligaron a ser «justo». Aún no he terminado de desaprender todas las mentiras que me contaron. Las calles están llenas de legisladores: son burros de carga, son lacayos de los poderosos. Es necesario que utilicemos nuestra inteligencia para liberarnos de las perturbaciones filosóficas que nos producen las falsas enseñanzas. Hemos de romper los afectos que tenemos a lo FALSO.

-195-

Cuando se es un triunfador los fracasos son pequeñeces. Sólo se puede triunfar desde la libertad que nos da el verdadero estado de: Yo soy yo y tú eres tú.

-196-

En busca de la sabiduría sigo escalando la montaña más alta para –si llego– desde allí dejar que desde ese escenario limpio y lleno de luz, Siul, mi inseparable compañero de camino, le hable al mundo de sus innecesarias tragedias. Siul, si llego... les dirá, desde allí, venid aquí: Nosotros los cansados, los oprimidos, los opresores, los conformistas y los avaros, todos los que estáis incómodos y los que estáis demasiado cómodos ¡venid todos, podéis! podéis llegar a la cima, que sólo se queden los caudillos y los depredadores ¡que vengan hasta los burros de carga! con nuestra risa mataremos a los que se queden ahí contaminados y embrutecidos.

-197-

Esa tu dura y amenazante mirada de agresividad contenida, fue también mi compañera de camino, pero al subir una cima se cayó de mi moral, se me produjo un vacío, pronto sentí un bienestar y sin darme cuenta empecé a jugar, a jugar a otras cosas. Perdonar a mis enemigos me dio fuerza, soñé otras cosas, me sentí más libre. Bajando... vi colores que nunca había visto. Creo que esos colores se parecen al amor que todos buscan y pocos encuentran.

-198-

¡Vamos mujeres! venid a mí que ya no necesito poseeros, solo amaros; puedo daros toda la felicidad que deseéis. Si veis en mí el honor que había perdido dejadlo ir y os daré todo el amor que necesitéis. ¡Ya he perdonado a mi madre, por eso puedo amaros, mujeres mías! ya no soy de ella, sino para vosotras, porque por fin soy el soberano de mí mismo y deseo compartir contigo, mujer de coloridos vivos, mi éxtasis de este y otros muchos mundos.

-199-

Yo no sería papa ni por un día, mi libertad moriría al instante, yo soy mi libertad; no podría vivir sin mi espada favorita en mi diestra mano. Mi guerra personal, mi lucha me dignifica. Sin libertad no hay vida, el papa está muerto, más muerto que todos sus seguidores. ¿A qué llamáis vida? Vosotros los que estáis ahí falsamente acomodados no tenéis vida propia, sois seres sin valor, sin rebeldía, sin identidad propia. Sin luchar no hay grandeza, vosotros los creyentes no lucháis, os arrodilláis e inclináis la frente.

-200-

Hoy me siento en mí y en mi morada. Es tosco el sentimiento que me llega de mi amada. Hoy no brilla hermosamente, ella me ofrece su hiel representada en el trágico escenario de su alma. Se ensaña en el triste tablado de su vida, me invita, me empuja a su festín. Mis palabras no logran iluminar su frente. No cedo, me aíslo, ya están solos los cuerpos otra vez. Otra vez con su dolor que es mágico y que me envuelve en tragedias ciegas y dañinas, sin luces, con un afán profundo nacido en su locura: la locura del amor que es ceguera. Amores demoníacos yo no quiero, quiero tu amor sin angustias, compañera, quiero de ti un amor libre, sin quimeras, sin angustias postreras. Me ofreces el ayer, tu ayer de camposanto. Yo quiero el hoy con muchas primaveras. Tu afán enajenado, tu tristeza y desdén déjalos en el ayer. Yo no soy buen actor para tu escenario de histerias vomitadas. ¡No, yo no soy tu actor! Ahora quiero la paz que bien merezco. Pues ayer ya sufrí desdicha familiar mal encajada por ser héroe sin espada bien templada. Mi extravagancia atormentó mi signo libertario, pero poco a poco llevó mi pensamiento hasta alcanzar la calma que hoy disfruto sin docilidad, ni resentimiento. En mi ciencia, ya no hay poder quimérico aunque tampoco poseo el don de la piedad para los que seguís en el arroyo ofuscados y torpes. Nadie me moverá ya de mi imperio, únicamente yo decido cuales son mis obligaciones, y mi moral es mi victoria más sonora. Triste sino es nacer y crecer con la moral de otros.

Tú, amada mía, has vivido siempre de un amor que tu inventas, ese amor te ha dado siempre frío. Si no vives ahora un amor que no duela, la muerte en vida será tu compañera. El egoísmo, tu egoísmo, no es amor, es la antítesis, es la insatisfacción personificada.

-201-

Huyamos de todos los que se traten mal, aunque muchos no son conscientes de la hostilidad que utilizan contra sí mismos, nadie puede tratar a los demás mejor de lo que se trata a sí mismo. Sé que lo que termino de decir ya lo han dicho otros antes y posiblemente mejor dicho ¿por qué nadie nos enseña a ser justos con nosotros mismos? ¿Por qué la justicia nos desprecia? ¿O es que la justicia tampoco es justa? Los que nos educan cuando somos niños ¿son justos? ¿Se saben respetar? No, no, no... Nos transmiten pues lo que son: moribundos en busca de equilibrio, pero sus neuronas están demasiado enfermas. ¡Cómo nos van a educar para que seamos sanos y fuertes! el sistema está enfermo y sin honor, por eso hay tantos predicadores de la tristeza y el dolor. Tristeza y dolor bebemos todos en el cáliz del amor.

-202-

Vivir para ver, aprender y ser... creedme, es necesario vivir cien años mínimo para aprender a utilizar lo que se sabe. Los precoces sabios, sobre los treinta años ya saben todo lo que pueden aprender, lo saben y lo dicen aunque les cueste la vida. La historia está llena de héroes sabios ejecutados como elementos subversivos cuando apenas habían alcanzado la madurez. Yo admiro a los longevos, me intereso por sus características psicológicas, sin duda son individuos que difícilmente se alteran ante la adversidad, su autonomía les permite gozar de un Yo fuerte y equilibrado, son libres y dicen lo que sienten en todo momento, pueden amar y odiar según merezca aquel con el que tratan, sin que el odiar se les convierta en una necesidad de venganza. Los que pasan de los cien años tienen rasgos en común: trabajan con placer, aman y emocionalmente son fuertes pero moderados. De esa forma era el insigne escritor español Francisco Ayala. Murió a finales del 2009 y ya había cumplido ciento tres años.

Yo viviré mínimo ciento cinco años, me estoy preparando, porque necesito aprender –para decirlo– más y más, para ello, cada vez camino por nuevos senderos, sin temor ni angustia del pasado. Cada vez me gusta más el paisaje, será porque tengo mejor y más vista. A mí mismo me veo y me gusto más que antes, sólo tengo un pequeño temor: perderme los caminos que llegan al saber. Por los de Dios me perdí para siempre.

-203-

El camino que lleva a las mujeres puede ser muy peligroso. Para mí, que mil batallas brindé con ese género, no fue nada peligroso, todo lo contrario, me enriqueció porque siempre tuve presente el: «Yo soy yo y tú eres tú»

-204-

Cuidado con las mujeres, compañero, si te anulan el yo –como dirían los freudianos– estás jodido. Si lo consiguen al final no les sirves ni como papel higiénico. A mí la única mujer que me jodió fue mi madre. Era tan histérica como yo mismo: pero en mujer y madre, todo junto; para un hijo eso es muy peligroso. La madre de mis hijos también intentó joderme con su vientre reproductor, más se jodió ella, porque el final la dejé sola, y sola se quedó con el fruto de su vientre. Yo me quedé con la mitad de mi paternidad y con la libertad, que esto último, para mí, es lo que más vale en esta corta vida. ¡Ah! la otra mitad de mi paternidad no me quiere, no es mi culpa ¡peor para ellos!

-205-

Con amor de mujer o sin él, navegar en busca de la felicidad ha de ser un empeño y lógica cabal. Si algunos, a los que así pensamos, nos tiñen de ignorantes: mendigos son. No como nosotros que somos temerarios, son pocos los desvelos para que en nuestro transitar nos falte la luz o nos encoja el frío. Nosotros estamos siempre contentos y sin clamar al cielo nos conmovemos por ser quienes somos... Los que así vivimos y pensamos no aceptamos amarguras en el cáliz del amor de mujer. A ellas, que son nuestras creadoras, las consideramos propiedad privada. ¡Todas, cuando decimos esto, se ríen a carcajadas! pero todas desean al varón que pretenda conseguirlo y aman sin límites al que lo consigue.

¡La mujer no quiere ser la dueña de su creación, sino su esclava!

-206-

Soy un permanente observador del carnaval humano. Lo que más he tardado en descubrir del carnaval en el que todos participamos es LA FAMILIA ¡por fin se ha abierto una grieta en su armadura!

La iglesia y el estado, principales baluartes de la familia, ya no consiguen controlar la institución familiar. Esto ocurre a partir de que la principal protagonista de la familia, la mujer, se emancipa e independiza económicamente frente al compañero reproductor. Esto demuestra que las hembras en el ejercicio de sus facultades reproductoras no necesitan la aportación del macho, sino por su semen y para nada más. Son autosuficientes, no necesitan compartir ¡ni con el espíritu santo! A diferencia de las otras hembras, las humanas –algunas– aún mantienen lazos con su compañero reproductor ¿por qué? Desde una moral falsa o por egoísmo. Las hembras de otras especies, libres de raciocinios y culpabilidades, ejercen su autosuficiencia sin tapujos ni hipocresías. Esto a su vez supone que el vínculo madre-hijo es puro por nacer en los instintos sin contaminaciones racionales. En lo racional nace lo neurótico, neurosis que proyectan las hembras humanas a su crías y no las hembras de otras especies.

Creo que en un futuro, quizá lejano, la relación de las madres humanas con sus hijos cambiará para bien, pues mientras ellas tengan tantas obligaciones y responsabilidades, tendrán, a su vez, demasiado poder sobre sus hijos. Será consecuentemente entonces cuando a las madres la sociedad las libere de semejante carga... si esto no cambia el encuentro amoroso, sin intereses entre los géneros, seguirá sin darse, seguirá la quimera hombre-mujer y en particular MADRE-padre.

La energía femenina se manifiesta en todo y se expande en todo su entorno. También la energía masculina está presente en todos los instantes y operando en diferentes niveles: siempre fue y será de ese modo. Desde hace muchos milenios errante anda el hombre buscando a su otra mitad, y no, no la encuentra, ellas andan demasiado ocupadas con su maternidad. La energía masculina amorosa se pierde pues en diferentes formas de proyectarse. La femenina se queda ahogada en los instintos de la maternidad, dejando al «Ser Persona» sin realizarse.

Las leyes de la naturaleza nos dicen que en todo lo vegetal o animal está lo femenino y lo masculino, aunque predomine en cada género lo que corresponde. En el mundo de la naturaleza, vegetal o animal, los géneros se complementan sin ningún tipo de dificultades, en el nuestro, entre el hombre y la mujer, sí hay una guerra de sexos, que en su cáliz sufre la amargura mediática por la manipulación que se hace de la mujer por la forma en que se le exige ejercer su maternidad ¡no le queda casi nada para ofrecerle al hombre amante!

Las hembras son todas –hábilmente– dominantes frente a los machos, esa necesidad les nace en los instintos reproductores. Con el macho, compañero-reproductor, son dominantes y sometedoras para que este las ayude a proteger y cuidar a la prole. Con los hijos el amor maternal las convierte en dominadoras intentando convertir a los hijos en obedientes y serviles para con ellas. Esa dominación es la antítesis del amor, aunque sea el amor de madre. ¡Dominar y amar es antagónico!

Mi madre fue una gran dominadora. Consiguió de sus otros seis hijos subordinación y servilismo: mis hermanos eran como monjes, su moral me producía rebeldía. Exactamente eso, rebeldía, fue lo que ejercí y potencié yo para no ser un monje más. Aun así, fui malherido durante algún tiempo por los zarpazos de mi tigresa madre. ¡Mi madre era una loca cuerda! por eso tuvo tanto poder ¡poder de castradora madre!

Sería por esa psicología de mi madre por lo que yo me convertí en un mujeriego, seductor y manipulador de toda hembra que se acercaba a mí. ¿Quién sufrió más ella o yo? No la vencí ni me venció, mas ella sufrió, pues me perdió aunque me salió caro por los nueve meses que me tuvo en su vientre.

-207-

Posiblemente llegue un día –no sé cuándo– que en este planeta sólo haya un gobierno y un solo idioma oficial. A lo mejor de esa manera serían inútiles las fronteras, los pasaportes... y los emigrantes dejarían de ser extranjeros sin los mismos derechos que los nacidos en el país receptor.

Lo único que diferencia a la democracia de las dictaduras es que unos empiezan a gobernar siendo corruptos y los otros sólo lo son a partir de que se reparten el poder. Pues no nos engañemos: el poder en la democracia no está en el pueblo, ni en las mayorías, está en las minorías: los gobernantes. El poder siempre lo han tenido las minorías porque las mayorías se lo facilitan por su miedo, su conformismo y su ignorancia, esa que les atrofia el entendimiento y terminan haciendo interpretaciones que nada tienen que ver con la realidad. Pero para alejarse de la realidad, las religiones son falsas y falsificadoras insuperables de falsas interpretaciones del mundo y del hombre. Su infame vómito sobre la ciencia es un insulto a la filosofía. El binomio que estas dos actitudes del Hombre pueden formar, la Iglesia lo ensucia creando fieles adictos que no pueden distinguir entre lo incierto y lo verdadero... El Papa es el mayor cínico y mentiroso del planeta. Ayer que era Navidad decía: «os deseo la paz de Cristo para todos» ¡Pobre Jesús de Nazaret! sólo hizo que sufrir por atreverse a ser comunista en aquel mundo dominado por bárbaros y caudillos despiadados.

-208-

En este hermoso planeta todo está en armonía menos el Hombre. Los individuos humanos están sin paz ni equilibrio, sin armonía interior, ni en su interrelación con lo exterior. Flor que tocan se deshoja, hierba que pisan no crece, todo lo natural, el ser humano lo transforma para beneficio propio, destruyendo mientras vive, ejercita la bestia sin dejar espacio para el ángel que algunos necios nos quieren hacer creer que llevamos dentro. Somos bestias peligrosas, más que cualquier otra especie. El superhombre de Nietzsche, no existe, sino como fantasía de las mentes estrechas e incultas o ilusas. Lo real es que la humanidad retrocede hacia el animalismo en la medida en la que desarrolla o crea capacidad destructiva. En la actualidad los poderosos aniquilan a sus semejantes masivamente en sólo un instante. Las otras especies, las fieras, por ejemplo, cuando se han hartado de comer dejan que coman los débiles, los hombres no...

Si un día nació Dios para crear el mundo, sin duda al crear al Hombre y ver su comportamiento se sintió culpable y se suicidó. Si yo supiera que aún vive le denunciaría por no ejercer el poder todopoderoso que tiene, dice mi vecino del cuarto, para –al menos– impedir que los niños pasen hambre o mueran por desnutrición y enfermedades que ya son curables.

-209-

Primero denunciaré al cura del pueblo donde yo nací y crecí hasta los diez años, Aldea Nueva de San Bartolomé, Toledo, España. Le denuncio aunque ya se haya muerto, por borrego e ignorante, por creerse y hacerme creer a mí todo lo que otros como él le hicieron creer a él sobre Dios y el Vaticano.

Segundo, denunciaré al Vaticano, a toda su corte pontificia y en particular al Papa. Si gano el juicio el mundo será libre, pues en la Tierra no se contarán mentiras enfermizas, ni habrá más amos ni esclavos, ni buenos ni malos. Y en los cielos el aire será limpio, sin infiernos, ni glorias, ni demonios, ni ángeles.

Tercero, denunciaré a Dios, y aunque no le condenen a cadena perpetua o a muerte, si consigo que le imputen y le detengan, el tiempo –al menos– que esté detenido correrán aires libertarios sin contaminación, enfermizos y manipuladores. Creeré que el cielo existe cuando de ese hipotético lugar caigan higos maduros, frutos silvestres como los del campo y pan para todos.

-210-

En este momento decido no denunciar a Dios, sería como –en parte– aceptar que existe. No me importan ya nada los dioses de ninguna religión, yo me he creado mi propio universo. En él creo con ímpetu para intentar llegar a ser persona, persona humana. ¡Inocente de mí! que no lo conseguiré; pero al menos mi creatividad me aleja de Dios rompiendo las cadenas de la «madre-dependencia»: madre de todas las madres.

Desde mi universo, rompo todos los vínculos amatorios ideológicos, sólo soy un creador sin cadenas ni límites. Mi grueso martillo golpea sin cesar con la intención de hacer grietas en las piedras más duras, por si por esas grietas, al fin, entrara la luz del entendimiento en los hombres de poca voluntad que viven como mendigos sin dignidad ni creatividad: sólo son masa uniforme. En el mundo que hemos creado faltan creadores y sobran falsificadores de seres amorfos.

Yo ya sólo amo lo que yo creo, vivo para crear y creando intento llegar a Ser... Intento tener derecho a vivir ¡sin libertad no quiero vivir! sería como no tener vida propia.

No denuncio a Dios, pero sí denuncio al Papa –cualquiera de ellos– es el hombre que desde la mentira, la hipocresía, y la falsedad, más ha entorpecido la libertad y el avance de la civilización ¡¡¡que caigan todas las religiones para que el Hombre empiece a caminar hacia la libertad!!!

Tercera parte

DELITOS SIN TIPIFICAR POR EL CÓDIGO PENAL O EL CÓDIGO MORAL

DENUNCIO:

–Lo primero que denuncio es un mundo sin ley, éste en el que vivimos todos los mal llamados humanos. Estos animalitos que somos, con nuestro despropósito y desequilibrio, contaminamos nuestra tierra, el aire y los mares.

-1-

DENUNCIO:

–A los países que tienen legalizada la pena de muerte. También denuncio a los jueces que la dictan y a los verdugos que la ejecutan. Denuncio la tortura, las cárceles y a sus carceleros. ¡La represión es la antítesis de la educación y la formación! la pena de muerte es la venganza «legalizada» de los débiles, y el perdón es la venganza de los fuertes y de los equilibrados: los que ven el camino para llegar a ser humanos de verdad.

-2-

DENUNCIO:

–A todos los poderes basados en el autoritarismo. El autoritarismo es el hijo de la crueldad: don de todos los caudillos y de muchos más, se hacen más animales y menos humanos por la forma de ejercer su autoridad.

-3-
DENUNCIO:

–A todos los falsos poseedores de la verdad; esos que imponen sus creencias y se sitúan por encima de cualquier otra opinión venga de quien venga. La gran dificultad que tenemos los humanos para interpretar la realidad nos lleva a dogmatismos, dificultándonos el equilibrio psicológico, desde el cual –sin esa contaminación– podríamos avanzar hacia el desarrollo filosófico y desde este al desarrollo humano del que tanto presumimos y en el que tan poco avanzamos.

-4-
DENUNCIO:

–A Jesús de Nazaret, hijo de María y de José el carpintero. Lo denuncio por presentarse como hijo de dios ofendiendo –por ello– a su verdadero padre, José. Lo denuncio también por pretender hacernos creer que fue concebido por obra del espíritu santo como si esa cosa... tuviera capacidad para reproducir seres de nuestra especie. Denuncio que resucitara a los muertos, muertos siguen. Si hubiera resucitado sería porque no habían muerto. Lo que hicieron las marías fue bajarlo de la cruz y esconderlo. ¡Oh! a lo mejor hicieron lo que hubiera hecho yo: arrancarlo de la cruz antes de que muriera, curarlo y una vez sanadas las heridas físicas ¿qué hubiera hecho yo? De ninguna manera condenarlo a muerte. Lo habría llevado al psiquiatra para que le ayudara a interpretar la realidad de su existencia y la de los otros hombres: esos que lo condenaron a morir clavado en una cruz ¿Por qué se dejó? Si con una de sus dos naturalezas –la divina– lo podría haber impedido.

-5-

DENUNCIO:

–A todos los monarcas de todos los tiempos y en particular a los de ahora. Denuncio, también, a todos los babosos que a su sombra se acomodan y con su palabrería intentan convencer a los que algo pensamos, que dejemos de pensar, por si pensando y sintiendo descubrimos la manera de que cambien sus valores, su ética o su moral, o como se quiera llamar: eso que les hace estar siempre en ese maldito altar, en su cielo o más allá. Sin embargo sólo son –todos– súbditos babosos y monarcas falseados, aunque se crean seres superiores ¡porque así lo quiso dios! ¡Que venga ese dios y los vea! ¿SUPERIOR? ¡Quién es superior a quién! ¿Y por qué?

-6-

DENUNCIO:

–A todos los faraones de Egipto y a las autoridades que siguen haciendo creer al pueblo que eran personas superiores que merecían que los ciudadanos construyeran tantísimos monumentos gigantescos y descomunales, en virtud de un endiosamiento ¡pobres diablos, unos y otros! denuncio ese enfermo ejercicio del poder.

-7-

DENUNCIO:

–A todos los imperios habidos en la historia. Ninguno de ellos utilizó su inmenso poder para la hermandad entre los pueblos, sino todo lo contrario: para el sometimiento de los mismos en beneficio propio sin importarles la deshumanización que cometían.

-8-

DENUNCIO:

–A todas las personas que tratan mejor a sus animales de compañía que a sus semejantes. Ese humanismo con las bestias y bestialidad con los humanos me resulta incomprensible e inaceptable. Todas esas personas, unas más y otras menos, tienen dificultades para comunicarse profunda y respetuosamente con sus iguales. Proyectan esa dificultad en el DAR Y RECIBIR, de igual a igual, con los perros en particular, al ser animales que dan... incondicionalmente aunque no reciban. Aprender a DAR es aprender a ser persona. El que sólo se centra en el recibir no aprendió a ser persona, y dar sin recibir es esclavitad ante el demandante. Los creyentes dan a sus dioses sin recibir nada, aunque creen que reciben mucho.

-9-

DENUNCIO:

–A las putas, no declaradas como tal, porque aunque no cobren por cada acto, utilizan sus encantos y sexualidad para obtener beneficios económicos de los hombres.

-10-

DENUNCIO:

–A los hombres que utilizan a las mujeres que necesitan el dinero que ellos tienen para convertirlas en sus prostitutas particulares. Algunos hasta se casan con ellas para tenerlas sometidas desde la legalidad. Les denuncio porque estos hombres no aprendieron a ser amantes y en consecuencia la carne de la que quieren disponer no es adquirida respetuosamente.

-11-
DENUNCIO:

–Al Vaticano por imponer el celibato a los religiosos. Razón esta por la que muchos de ellos, como forma de liberar su reprimida sexualidad, recurren a la pederastia: esos niños inocentes son las víctimas del injusto y cruel celibato.

-12-
DENUNCIO:

–Las fronteras del todo el mundo y en particular el uso para el que se utilizan desde que el mundo se convirtió en un saldo en el que quien más poder tenía más tierra y más barata compraba. En la actualidad sigue pasando lo mismo: los potentes depredadores compran tanto y tan a bajo coste que llegan a considerarse semidioses invencibles, mientras contemplan las veinticinco mil personas que, diariamente, mueren de hambre en este planeta al que consideran de su propiedad ¡para estos monstruos no existen las fronteras!

-13-
DENUNCIO:

–A los «dioses» venideros, potencias conquistadoras que, creyéndose razas superiores, enarbolarán esa teoría para someter y humillar a otros pueblos más débiles. Denuncio que Europa será tragada por el poder amarillo, esas razas milenarias con más de mil millones de seres esperan, como ladrón al acecho, agarrarse a la garganta cuyo degüello será el fin de la vieja e histórica Europa. China duerme como una inmensa masa de larvas esperando su nacimiento para invadir el mundo. Europa está condenada a desaparecer. Ya intentó Rusia invadirla y lo consiguió, en parte porque eran pocos. Los chinos se lo comen todo mezclado con arroz, ¡nos comerán!

-14-

DENUNCIO:

–El poder de los fuertes sobre los débiles, es en esa desigualdad donde yo veo que la voluntad por el poder de los fuertes sobre los débiles es el animalismo de los hombres; cuyo placer por el poder dificulta la evolución hacia la humanización. Todos los que se instalan en el poder, cualquiera que sea, se abandonan por el gozo que supone tener a sus pies a los más débiles. El poder se convierte en un vicio corrupto que destruye el amor, el respeto y lo humano en la interrelación fuerte-débil. El adversario del amor en general y en particular de la pareja, es el gozo del poder. El poder es hijo de la fuerza destructora del sí mismo, en particular y de lo otro... En este planeta lo único que sobra es el Hombre por ser el único ser que va en contra de la naturaleza propia y ajena. Gracias a que un día miré hacia atrás, vi mi propia autodestrucción ¡y me paré...! por eso aún estoy vivo. Desde entonces cada día vigilo mi fuerza destructora para poder controlar mi locura. Fuerza y poder mal utilizados, binomio perfecto para la deshumanización del que lo sufra. Libertad y humildad, binomio perfecto para ser persona.

-15-

DENUNCIO:

–A todos los símbolos religiosos expuestos en lugares públicos y recintos oficiales. Denuncio todas las estatuas «santas» hechas de madera, piedra, escayola etc. que pretenden representar a seres divinos. Denuncio, también a todos los símbolos religiosos que utilizan las personas: ropas, medallas, crucifijos, hiyabs, kipás, togas de las monjas y un largo etc. Denuncio las mentiras y pensamientos mágicos que utilizan todas las religiones y todas las instituciones gubernamentales que consienten ese poder fáctico que ejercen, el engaño manipulador en el que crecen los niños. Esa programación mental-adquirida será para siempre la cárcel que encierre el pensamiento libre del Hombre de ahora y de todos los tiempos. El pensamiento LIBRE es una falacia hasta en los sistemas democráticos más avanzados, que sufren los individuos de todos los tiempos, hasta el extremo de no ser capaces de saber en qué consiste la palabra libertad ¡no puede haber libertad que no nazca en el desarrollo –crecimiento– del sujeto! ¡Todos estamos contaminados!

-16-
DENUNCIO:

–A todos los hombres que callan…

–A todos los que rezan

–A todos lo que se arrodillan

–A todos los que lloran

–A todos los que mendigan

–A todos los que participan en el grotesco circo de la mal llamada justicia de los hombres, y en particular en la GRAN MENTIRA: la justicia de eso que llaman Dios.

A todas las formas de dominación, sometimientos, explotaciones, humillaciones. A todos los hombres cuyo afán feroz les convierte en animales dominadores para su «gloria» caiga quien caiga.

A todos los hombres que se creen por encima de otros hombres. A todos los que se creen ser PERSONA cuando sólo son depredadores de sus semejantes. A todos los hombres que con uniforme militar o sin él, bombardean las ciudades repletas de indefensos ciudadanos.

Denuncio a todos los apóstoles de Jesús y a este por engañarles al transmitirles su patología: amen…

-17-
DENUNCIO:

–A los matrimonios que se humillan mintiéndose porque a traición –como Judas– rompen los lazos del compromiso de fidelidad en lugar de romper el falso vínculo que quieren mantener por cobardía frente a la libertad. La monogamia es cosa de muy pocos. La verdadera, solo la consiguen los más fuertes y más libres o evolucionados.

-18-
DENUNCIO:

–A los que se aprovechan de la inocencia de los niños para maltratarlos y engañarles.

Malos tratos son: gritarles, amedrentarles, someterles, pegarles, no darles cariño y valoración, no educarlos con el ejemplo, no jugar con ellos, no escucharlos, no contestarles a todo lo que pregunten, no alimentarlos convenientemente, no dejarles que desarrollen sus propios pensamientos y crezcan según su forma de ser.

Engaños son: hacerles creer que son malos…, que existe Dios y que les castigará si… que existe el infierno, que existen los reyes magos, que serán inferiores si no estudian, que no les van a querer si… que hay que ir a misa, que hay que rezar, que su padre no les quiere, que su madre les quiere más, que les trajo la cigüeña. ¡Engañar a los niños es no dejarles crecer como libres pensadores y seres únicos!

-19-

DENUNCIO:

–A todos los sistemas educativos-gubernamentales u otros, que no respetan lo expuesto en el punto anterior. El avance del Hombre hacia estadios superiores está sesgado por los alienantes sistemas educativos. Cada individuo está solo entre tantos semejantes, solo ante el vacío del NO SER… los niños crecen con ordinariez ideológica y perfectamente ordenados, de esa manera, cuando adultos, olvidan su memoria para no sentir el yugo con el que crecieron. A los hombres «superiores», dado el espectáculo decadente que observan en los demás, no les queda otra opción que corromperse o despilfarrar su energía superior en una huida hacia adelante en este mundo que no es suyo. No es su ruina, sino su desafío frente a un mundo ruinoso. Son, los hombres superiores delatores sin eco. Su discurso es yermo, como la propia estera, con el riesgo de su propia autodestrucción.

-20-

DENUNCIO:

–A todos los taladores de las selvas amazónicas, cuyos depredadores son los herederos de los que en otras épocas se repartieron el planeta como si de un saldo se tratara, esta es, quizá, la única forma que yo conozco, para denunciar el atropello que los hombres hacen a la naturaleza de este rico planeta. La primigenia agresividad del Hombre es tan destructiva que temo que haga con los mares lo que ya ha hecho con la tierra: dejarla semidesierta ¿Cómo se puede aceptar que mil quinientos millones de personas no tengan agua potable para beber? ¡Denuncio la sed y el hambre! Denuncio los arsenales de guerra y beso la mano de GANDHI.

-21-

DENUNCIO:

–A todas las jefaturas de tráfico que exigen que todos los coches, tengan la cilindrada que tengan, circulen a la misma velocidad, por todas las calles y a todas las horas. Eso es lo que hacen los militares: a todos les visten con un traje igual; así son y se han de comportar como los borregos. Denuncio que las sanciones sean económicas, sin importarles que eso que hay que pagarles suponga dejarnos sin pan para terminar el mes. Las jefaturas de tráfico son como los padres represores de todos los conductores. Son como la Iglesia, nos quieren salvar a todos antes de que ni siquiera pequemos. No somos propietarios del carnet de conducir, cuando les parece conveniente nos lo roban al igual que nuestro dinero con las multas. ¡Si eso es justicia, que venga ese sabiondo: el justo y todopoderoso y lo vea!

-22-

DENUNCIO:

–A todas las personas o instituciones que influyen, prohíben, o dificultan de algún modo que las mujeres monjas no puedan realizarse como madres, como cualquier otra hembra humana o animal. La Iglesia Católica Romana y Apostólica, o como la llama el escritor colombiano Fernando Vallejo, la Puta de Babilonia, a sus curas y monjas les castra al impedirles el uso y disfrute de su sexualidad. Esa política aberrante de la Puta, es un delito contra los derechos humanos que tendría que estar penalizado con la pena de muerte o, al menos, con la castración física de los que aplican semejante regla. En la actualidad, en algunos países se están haciendo leyes para permitir el aborto libre ¡menos mal! sin embargo, por qué no hacen leyes para que los curas y monjas tengan derecho a ser padres. Denuncio a quienes hacen las leyes por no hacer una para que la Puta de Babilonia no prohíba atrocidades antihumanas.

-23-

DENUNCIO:

–Las arcas del Vaticano ¿Es justo que cada día mueran unas 100.000 personas –la mitad niños– de hambre? Mientras que en el año 2005, según el cardenal Sergio Sebastioni, jefe de los asuntos económicos de la Santa Sede, tuvieron once millones de dólares como saldo positivo de sus finanzas ¡¡¡qué cabrones!!! Pero el colmo del cinismo es que siguen pidiendo limosnas a sus fieles, y estos siguen llenando las arcas de sus amos. ¡No hay verdugo sin víctima! ni mal parido sin puta, la Puta de...

-24-

DENUNCIO:

–A todas las madres que educan a los hijos solamente dándoles y tolerándoles todo lo que ellos piden, sin ponerles límites ni enseñarles también a que den ellos y adquieran responsabilidades. Estos niños, cuando se hacen mayores, son individuos, por lo general, egoístas, insolventes, irresponsables, dominantes (se creen con todos los derechos) y en algunos casos son incapaces de ganarse la vida, por lo que se convierten en dependientes totales de ¡mamá! o en delincuentes profesionales, pues aunque pasen temporadas en la cárcel, no les faltará de nada. La madre que los parió y educó si ha de prostituirse para su hijo lo hará.

Las madres tolerantes, protectoras y sobre todo apasionadas, son muy peligrosas en su ejercicio de madres educadoras, hacen mucho daño a sus criaturas, no dejándolas crecer para llegar a ser individuos con la suficiente autonomía como tal. Estas señoras-madres tendrían que ser condenadas por el delito que cometen, o mejor: no se les tendría –por ley– que permitir la fecundación, ni el ejercicio de la maternidad.

-25-

DENUNCIO:

–¡¡¡A la SOLEDAD!!! La soledad de los niños sin padres y sin pan, ni libros, niños no respetados y sí explotados. Denuncio la soledad de mi niñez. En mi niñez, cuando crecía, me faltó el pan. Nadie me ayudó a ser hombre, ni persona: sino sumiso y a veces fiera, y como yo, se cuentan por millones. Sin amor el adulto siempre está solo, y el niño muere.

¡LA SOLEDAD NOS MATA!

DICOTOMÍA Y FILOSOFÍA

Se puede ser genial y también mediocre

Se puede estar en la cárcel y ser libre

Se puede estar libre y vivir en una cárcel

Se puede ser un criminal y tener muy buenos sentimientos

Se puede odiar y amar a la vez

Se puede matar por amor, pero no se puede morir por amor

Se puede ser cruel con el ser amado: cuando se ama desde el sadomasoquismo

Se puede ser sacerdote y bandolero

Se puede ser cura y mujeriego

Se puede ser puta y decente

Se puede ser un perro y ser más humano que los humanos

Se puede ser fiera y hombre

Se puede ser sano y estar enfermo

Se puede estar enfermo y vivir como sano

Se puede ser «hijo de puta» y ser religioso

No se puede ser creyente… y estar equilibrado

Se puede ser cornudo y ser fiel, por lo menos a sí mismo

Se puede ser Cristo y ser un mentiroso

Se puede ser monja y ser puta

Se puede ser madre y ser cruel, como tal

Se puede ser heterosexual siendo homosexual y a la inversa

Se puede saber mucho y ser inculto

Se puede ser analfabeto y saber mucho

Se puede ser muy rico y a la vez muy pobre

Se puede ser terrorista hoy y jefe de estado mañana

El que lo cuenta todo, aburre. El que calla mata

La libertad de las mujeres, el poder y la igualdad frente al hombre conlleva soledad para éstas y lesbianismo.

El varón domado es la antítesis del hombre amado.

Si la psicología del individuo se impone ante el envejecimiento, no se tiene edad cronológica porque siempre se es joven.

Se puede tener gran capacidad para, en lo general, interpretar la realidad de los acontecimientos y no tener ninguna para la filosófica interpretación de lo ideológico.

Se puede ser un genio comunicador y sin embargo estar incomunicado consigo mismo y con los otros.

Se puede vivir más tranquilamente con alguien que no te ama que con alguien que sí te ama, por algo muy sencillo: el amor y el dolor van siempre juntos, eso he leído no sé dónde, yo no estoy seguro de eso.

Las personas, la mayoría, creen que se realizan identificándose con una ideología. La realidad es bien distinta, las ideologías alienan y por ello dificultan el desarrollo del entendimiento propio.

Dicen que Dios hizo al hombre a su imagen y semejanza, es cierto, somos tan crueles, vengativos e imperfectos como él.

Dícese: el saber no ocupa lugar. Yo digo: el saber del psicólogo experimentado sí, ocupa un lugar llamado impotencia asfixiante, cuanto más aumenta su sabiduría sobre los hombres más solo se siente. Y ahí, aislado, corre el peligro de volverse loco, a menos que recurra a la búsqueda del amor y el ocio como forma de escapar del abismo y locura de los hombres.

Aunque el saber produzca hastío, locura y desazón, es preferible que vivir muriendo con la mente vacía y el «culo al aire».

Hasta el ser más bondadoso es también capaz de las mayores maldades.

Dícese: detrás de un gran hombre siempre hay una gran mujer. Lo que digo yo es que lo que hay es una gran embustera que hace de su hombre un dios, lo corona, lo sube a un supuesto cielo para la gloria de ella y la soledad de él. Ellos creen en el amor y el dolor. El hombre superior y triunfador es un ser ruin y solitario que se ha olvidado de ser persona. En casi todos estos hombres hay una mujer detrás para certificarle su grandeza. Ella, con su alabanza, sujeta el pedestal para que él no caiga, por si ese semidiós se cae y a ella le desaparece el amor que sentía. Cuando eso ocurre, el gran hombre se queda solo sin fama ni corona y sin ser persona. Su mundo ya no existe, pues el que creó no era para él, sino desde él para los otros.

Los grandes creadores y los grandes artistas que crean un paraíso para los otros, suelen morir jóvenes o están muy solos. El paraíso hay que crearlo desde el narcisismo para sí mismo. Si no lo hacen se alejan tanto del sí mismo que se pierden en la variedad del NO SER.

No hagas méritos para alcanzar el cielo, según te indiquen… el verdadero está al alcance de tu mano. Haz méritos desde ti para ti, los otros tendrán tu ejemplo a seguir y tú, tu cielo verdadero. Ten cuidado con lo que sueñas en tus noches de soledad, en ellas está la clave de la verdad.

Cuando uno piensa en suicidarse le sirve para seguir viviendo...

Cuando uno vive sin pensar en el suicidio vive sintiendo gozo y si además tiene proyectos, vive creciendo.

La mujer no tiene a nadie que le supere, y no por su introspección, porque no la vive, sino porque es un ser superior a todos los seres de este planeta, superior en lo malo y en lo bueno.

Hablar mucho de sí mismo es cosa de viejos, pedantes, vacíos y es una forma de ocultar todas sus mierdas.

La vanidad es la hermana de la mediocridad.

Bendecir a quien nos traiciona es el colmo del cinismo, la hipocresía y el masoquismo.

En ninguna relación sentimental hay tanta hipocresía y falsedad como en la familiar.

Los tontos mienten para creérselo ellos. Los listos para que se lo crean los demás.

La familia es el refugio de los débiles, la pareja es la subyugación de las pasiones, dado que el amor no las convierte en complemento cálido y sereno.

Las mujeres malas causan daño a los demás, las buenas a sí mismas, su benevolencia les lleva a la abnegación.

La moral, y en particular la moral cristiana, es una fábula para cazar incautos y llevarlos a su fábrica de deshumanización y de ese modo conseguir mentes empequeñecidas para controlarlas como a rebaños.

Como más se aprende de patología es escuchando a los creyentes de cualquier religión.

El verdadero conocimiento es un camino con espinas que nos ponen las ideologías. Son como obstáculos que nos impiden el desarrollo de nuestro propio entendimiento.

Lo que más me gusta de mi inseparable Siul, es que su propio Dios no consigue que haga los deberes como los hacen la mayoría: vive en permanente contradicción con lo establecido. Se puede ser Dios y demonio al mismo tiempo ¡así es él!

¿Para qué amar a un Dios si hay tantos? ¿Para qué amar a una sola mujer si hay tantas? Dicen los verdaderos polígamos: Siempre hay que estar buscando mujeres para intentar... amarlas. ¡No! a Dios, ya no hay que buscarlo más, que nos busque él a nosotros. Qué lío eso de los sentimientos, la mayoría cree que los suyos son elevados: mentira cochina

La mayor autotraición y engaño que nos hacemos la mayoría consiste en influir con estrategias para que los demás nos amen. En ese atolladero que nos metemos, tardando más o menos, se nos ve el plumero. Y si no nos vamos ni nos echan, nos morimos de hastío.

Muchos pueblos carecen de la suficiente agua potable para saciar la sed de sus habitantes ¿Por qué Dios puso tanta sal en los océanos? ¡Qué cabrón!

Siul es un afortunado por tener el don de las mujeres, es un perfecto hechizador. La diferencia con ellas es que él, cuando deja de hechizar a una mujer no la odia, ni ella a él, porque la ha ayudado a que ame sin hechizar. Ellas odian al que se va sin haberles dejado nada de él.

Cuando oigo decir: busco un amante que me haga feliz; me da la risa. Pobre del que cargue con la responsabilidad de hacer feliz a su pareja, o de hacer que orgasme. La felicidad es un sentimiento de alegría que no depende de nada ni de nadie, sino de sí mismo. Y el que la tiene ha de saber que ese tesoro tiene que guardarlo celosamente ante los otros, sobre todo ante los infelices.

Tomar decisiones es caminar siempre hacia donde sea, o hacia ninguna parte. Lo estático es cosa de mente o dependientes, obtusos o enfermos.

¡Mujer! tu tiranía ha conseguido ofender mi vanidad ¿qué hacer ahora? Yo, quedarme con mi orgullo, tú…

Dícese que el varón es el cazador, pero es casi siempre la mujer la que caza al varón, porque en el amor y el odio, ella se mueve mejor.

La admiración es un vínculo antinatural –todos somos iguales– la dependencia vinculante entre el admirado y el admirador a uno le dificulta la libertad y al otro le esclaviza el endiosamiento en el que le sitúan sus seguidores.

El dolor y el sufrimiento, por lo general, empiezan para llamar la atención y terminan siendo una forma de ser frente a los demás, como única manera de estar, sentir y ser.

Nunca habrá muchas mujeres que se interesen por la ciencia. Ellas, como reproductoras de la humanidad se sitúan por encima de todo lo científico: así sientes, porque con esa facultad les sobra todo lo demás.

En el cacarear de la mujer está el deseo del varón. En el silencio está el animal felino, astuto, traicionero y peligroso, en su esencia más instintiva ¡cuidado con el silencio y las sonrisitas de nuestras «dóciles gatitas»!

Yo suelo decir: El intelecto es el verdugo del sentir. Ahora quiero decir que lo auténtico está y nace en el sentimiento. Para interpretar la realidad hay que traspasar las barreras del intelecto y llegar al sentir.

El mutismo es una introversión que nos aleja del amor y nos acerca a la enfermedad. Y ahora le digo a mi amada actual: Inma, tu silencio es más insultante que mi rabioso apóstrofe y tu aislamiento es la antesala de tu tumba. Tu introspección sigue embrutecida, lo dice tu soberbia.

Tu tiranía de mujer doliente y tu amor tumultuoso han ofendido mi vanidad ¿Qué vas a hacer ahora? Yo soy un truhán del poder amoroso que no se ajusta a la realidad. No hay lazo en el amor hombre y mujer que no se rompa si aparece un tercero con más fuerza que el primero. Yo soy la fuerza bruta que construye la casa que tú habitas, mujer. Tú eres quien se adorna... y adorna las paredes de mi casa: sólo eso eres... pero con tu fertilidad me superas y me atrapas.

Es verdad que sólo hay un Dios verdadero: el que llevamos todos, unos a cuestas y otros a rastras, y los más dotados como compañero de camino. ¡Que caigan todos los dioses de todas las religiones! En mi paraíso solo hay un dios: Yo.

Todos tenemos dos problemas muy condicionantes para nuestra libertad: el necesitar tanto a los demás y la dificultad para interpretar la realidad.

En lo que la mayoría considera amor, hay más patología que amor de verdad. Afortunados los que aman desde su libertad sin mayores dificultades.

El conocimiento filosófico y la libertad siempre nos encaminan hacia nuestro paraíso personal.

Todo lo incondicional contiene un determinado grado de patología. ¡Es de sabios ceder y no siempre es perder algo!

Dicen: el poder corrompe, yo añado: el poder absoluto deshumaniza y mata.

Tú sabrás lo que en tus noches de soledad sueñas –le dice el marido a su esposa– sueño en mi príncipe azul, contesta ella. ¡Ah! en mí, claro. No tú sólo eres el padre de mis hijos.

Dos amantes en periodo de muchas disputas llegaron a la siguiente conclusión: le dijo él a ella:

–Yo creo que, inconscientemente, los dos estamos intentando sentar las bases, con el intelecto para romper el compromiso, dado que nos da miedo perdernos… en el otro por tanto amor como sentimos.

Ella:

–Pero ¿qué amamos? ¿Al otro o a nuestro propio deseo de…? El deseo de amar al príncipe azul es más el deseo de amarse a sí mismo.

Las mayores tonterías las dicen siempre las personas más inteligentes y por esa misma dicotomía del ser humano, los mayores placeres orgásmicos se consiguen siempre con quien creemos amar y no con quien amamos y nos ama de verdad.

Algunos filósofos afirman hechos filosóficos que pertenecen más al campo de la ideología que al de la filosofía. Dichos filósofos contaminan y dificultan el pensamiento libre de los que están creciendo o no han crecido lo suficiente, ni crecerán nunca por culpa de estos pensadores mediocres.

Me he estremecido cuando la luz del entendimiento, por fin, me ha hecho ver que tu amor era mentira. Tú no lo ves así, ya lo sé. ¡Por qué será tan fácil engañarnos y dejar que nos engañen!

Es mentira el amor de las mujeres que en el mundo de gozo yo viví. Todas me engañaron y a todas engañé. Desdichados los que vemos en esas profundidades, porque sin duda la ignorancia es una comodidad y a su vez una petulancia.

Los intereses y el amor, cuando se asocian, tienen sentencia de muerte para los contrayentes, porque con más frecuencia el interés destruye el amor que es lo que más necesitamos todos.

¿Quién nos gobierna, señores, quien nos gobierna? ¿Los políticos? ¡Nooo! nos gobiernan, principalmente, dos monstruos corruptos que se hacen pasar por representantes –según ellos– del todopoderoso Dios de los cielos: el cristianismo y el mahometismo. ¡¡¡Por dios!!! Son ya muchos siglos soportando la dañina y nefasta actitud de los jerarcas religiosos. Su uso y abuso del poder que ejercen no tiene parangón. Pero siguen y siguen sacando beneficio de la ignorancia y debilidad de sus rebaños. La ciencia no consigue influir lo suficiente en el lavado de cerebro con el que, desde hace tantos siglos, las religiones enferman a la humanidad con su fanatismo cruel.

Hoy me dirijo a esos hombres que son grandes aunque no alcancen la grandeza. Lo son porque luchan contra lo establecido, lo dependiente, lo alienante, contra la soledad de los que se acomodan en el saber de lo oficial. Aunque no triunfen públicamente, estos hombres pertenecen a la grandeza del SER. ¡Están solos! por eso son filósofos: filósofos solitarios. Los ateos, los libertinos y los truhanes contra el poder y la moral nefasta, son mis filósofos favoritos. Pues sus virtudes, aunque se desparramen en un mar sin fondo no carecen de autenticidad y de grandeza.

Los otros, los filósofos dependientes de… sólo son lacayos del pensamiento contaminado: la soledad del sí mismo les espanta, porque la soledad que no se llena del sí mismo mata, por eso se refugian en la obediencia de los cleros. Se refugian en cosas pedantes, en doctrinas mezquinas y superficiales o falsas. La filosofía no puede ser otra cosa que la auténtica interpretación de la verdad existencial desde el ateísmo. El arte de la mentira está en la pluma de los filósofos creyentes.

A lo largo de los siglos el hombre ha tratado a la mujer como se trata a un bello y valioso objeto de lujo que le da prestigio a su posesor, o como se trata a una guapa yegua de raza que le pare potros envidiables que, cuando caballos, son los más feroces y nobles. La mujer vivió para depender, complacer y servir a su señor. Señor a quien ella besaba la mano, aunque ésta, a veces, le pegaba. En la actualidad es casi lo contrario, son los hombres –la mayoría– los que se sitúan a las órdenes de las mujeres. En ese sitio que llaman –todavía– hogar, los hombres no pintan nada de nada. ¡Con los hijos! con los hijos, aún pintan menos. ¿La razón principal por la que han aumentado los hogares monoparentales? Las mujeres se quedan con todo, hasta con demasiadas responsabilidades y los hombres sin nada, a algunos sólo les queda la calle. Otros de estos perdedores hasta se arrastran hacia las mujeres. Ellos no lo saben, pero esta es la mejor forma de hacer daño a su supuesta compañera. Su necesidad de que el hombre dependa de ellas es patológicamente infinita; en consecuencia el hombre que se arrastra hacia su mujer está potenciando en ella lo más enfermizo de la mujer en su interrelación de pareja. ¡Amigo! los hijos serán también tuyos mientras te viva a ti también como algo suyo, o sea, como una propiedad privada a la que ha de sacarle provecho. Pero para no generalizar, la mujer vive al varón compañero-progenitor como el amor de su vida en muy raras ocasiones, y es a su vez necesario que le tenga un cierto miedo, si no le respeta pierde su instinto femenino para comportarse más como el hombre que como es ella misma desde sus instintos femeninos: protectora, cuidadora, servil, posesiva y madre absorbente y patológicamente apasionada.

La mujer está tan incómoda dentro de ella misma que por tanto imitar al hombre se está degenerando. A algunas, cuando lean esto, les gustaría colgarme, y a mí lo que me gustaría es que me colgaran, sí, pero de su cuello para besarlas sin cesar, pues mi misoginia la tengo siempre al revés.

¡¡¡Vive la reciente libertad de la mujer!!! Pero hay que reconocer que dicha libertad está destruyendo a la familia. Son ellas más que ellos quienes rompen esa unidad familiar de tantos siglos. Que me cuelguen si no digo lo que veo. ¡Lo que tenga que ser será! cualquier cambio es mejor que vivir pudriéndose por miedo al CAMBIO…

Último deseo

Ya me he cansado de pensar para este libro. Siento que todo lo que he dicho hasta esta página ya lo han dicho otros antes que yo, mas no me preocupa porque machacar sobre la misma piedra siempre puede dar algún resultado positivo.

Mis pensamientos aquí escritos, al menos a mí, me han servido para desahogarme, si además alguien me lee, para algo le será bueno. Aunque el decir lo que aquí digo me ha servido como al que va estreñido y evacua de repente... mi corazón sigue llorando a canales por el hambre de los niños de este rico planeta. Prefiero llorar «vencido» que sufrir por odiar a mi enemigo. El odio y el sufrimiento «potencian» al vencedor. No quiero ser vencedor porque como yo lo entiendo no siempre vence el mejor, sino el más fuerte y traidor. Por esta misma razón pasan siglos y milenios sin que el Hombre sea mejor.

Llorar, lloramos todos. Si es un lagrimón de pena es llorar por desamor y dolor, y así encontramos la mano que nos lleva hasta el amor; lloramos por emoción. Si esto no nos ocurre, tarde o temprano se nos rasgará la esperanza y el horizonte negro nos dará la bienvenida para hacernos sentir el eco de nuestros dolientes suspiros. Así la penumbra, fiel compañera de los hombres, a través de los siglos, nos seguirá cubriendo el pecho y devorando el corazón para impedir que nos amemos los unos a los otros. De esta manera, fracasando en el amor del DAR Y RECIBIR pasará nuestra especie los siglos venideros, por no saber leer en las huellas del pasado milenario que sufrimos.

¡Yo creo que merezco el premio Nobel!

No porque sea el que mejor escribe, ni porque haya inventado la dinamita, eso ya lo inventó Alfred, sino porque mi lengua, mordaz para algunos, es peor que la dinamita. Por ejemplo, para las instituciones, los depredadores, las religiones (que son lo mismo que los anteriores, pero en materia mental) los políticos y sobre todo para las mujeres y en particular para las madres. Estas últimas –estoy seguro– nunca me concederán ningún premio. El único premio que deseo tener es de la Paz, mi paz y la de alguno más: ¿Otros? No, es mejor que desaparezcan porque aunque se les diera la paz harían la guerra.

Otras obras publicadas de Luis Fernández

Psicología de la Pareja y Grupo Familiar. 1ª ed. Entrelibros ed. 2006. 2º ed. Lulu.com, 2012.

Poesía crítica. 1ª edición, Entrelibros editores 2006; 2º ed. Lulu.com, 2012.

Hiperactividad e histeria. 1ª edición. Entrelibros editores 2006; 2ª edición Lulu.com, 2012.

Trilogía: *Sin equilibrio no hay paz ni libertad*:

> *Luchar para ser.* 1ª edición, Entrelíneas editores 2006; 2ª edición Lulu.com, 2012.
>
> *Pienso, luego soy Ser.* 1ª edición, Entrelibros ed. 2006: 2ª edición Lulu.com, 2012.
>
> *Evolución de la Pre-humanidad.* 1ª edición, Entrelibros ed. 2009; 2ª edición Lulu.com, 2012.

Aforismos y otros contenidos. Editorial Lulu.com, 2012.

Cartas que hablan de ti. Editorial Lulu.com, 2012.

Maestro-Alumno, Psicología de la interrelación entre las personas. Editorial Lulu.com, 2012.

Índice

www.ingramcontent.com/pod-product-compliance
Ingram Content Group UK Ltd.
Pitfield, Milton Keynes, MK11 3LW, UK
UKHW020238250726
13967UKWH00001B/442

9 781471 098833